细读明朝三百年

张嵚 —— 著

华文出版社
SINO-CULTURE PRESS

图书在版编目（CIP）数据

细读明朝三百年 / 张嵚著. -- 北京：华文出版社，2020.7

ISBN 978-7-5075-5299-7

Ⅰ.①细… Ⅱ.①张… Ⅲ.①中国历史—研究—明代 Ⅳ.①K248.07

中国版本图书馆CIP数据核字（2020）第065088号

细读明朝三百年
XIDU MINGCHAO SANBAI NIAN

著　　者：	张　嵚
出版策划：	品　雅
责任编辑：	张　轶
出版发行：	华文出版社
社　　址：	北京市西城区广安门外大街305号8区2号楼
邮政编码：	100055
网　　址：	http://www.hwcbs.com.cn
电　　话：	总 编 室 010-58336239　　发 行 部 010-58336267　58336230
	责任编辑 010-58336195
经　　销：	新华书店
印　　刷：	水印书香（唐山）印刷有限公司
开　　本：	710×960　1/16
印　　张：	15
字　　数：	201千字
版　　次：	2020年7月第1版
印　　次：	2020年7月第1次印刷
书　　号：	ISBN 978-7-5075-5299-7
定　　价：	45.00元

版权所有　侵权必究

目录

第一章 盛世气象

朱元璋的"经济奇迹" 003

朱元璋的铁腕反贪,真的失败了吗? 012

朱棣的铁拳 015

朱棣弟弟留下的宝物,造福中国到今天 025

明宣宗:爱斗蛐蛐的一代明君 032

第二章 懈怠衰退

周忱:造就明朝盛世的"糊涂官" 037

三件奇葩事,预言了大明土木堡之变 046

明英宗被瓦剌放回,真靠了"人格魅力"吗? 049

夺门之变后,明英宗变成了怎样的人? 052

害死于谦的徐有贞,死后还救了大明一次? 056

明宪宗真的是昏君吗? 061

郑和海图被烧了吗? 067

当场打死锦衣卫后,这位文官两次挽救国家 073

传奇英雄王越 084

明武宗亲征鞑靼,到底是赢是输? 095

明朝高颜值"阉党",临死拉全国贪官垫背 099

夏言:被送上刑场的明朝首辅 104

明朝马屁阁老,为何是张居正的人生偶像? 113

戚继光有个好老师 118

勇不过马芳 125

去外国盗易,去中国盗难 138

一个至今争议极多的"倭寇" 141

严嵩真有这么坏? 146

明朝海军的重生 150

第三章 短暂中兴

明朝中兴,首先要归功于一位"窝囊"皇帝 157

欧洲人怎么看明朝的科学水平? 167

张居正的三句话,句句攸关明朝兴亡 174

明朝真的"亡于万历"吗? 178

张居正最"寒心"的学生 182

陈璘:被韩国抹黑百年的中华英雄 187

一位影响欧洲数百年的明朝王子 193

第四章　大厦倾覆

明朝的火器，为何打不了八旗？	201
明朝官员是怎么变腐败的？	207
他打得八旗窝里反，却"消失"史册数百年	211
兴也驿路，亡也驿路	215
松锦之战，明朝真的必败无疑吗？	218
魏忠贤不死，明朝不灭？	220
崇祯能力怎么样？可以比比朱元璋	225
后记	230

第一章 盛世气象

朱元璋的"经济奇迹"

一、朱元璋的困境

作为中国历史上最草根的开国帝王,朱元璋一生不停地在创造奇迹,他的帝王生涯里最低调却意义深远的一个奇迹,当属经济奇迹。

这个奇迹有多奇?可以先瞧瞧大明朝开国时那惨淡的经济状况。

元朝九十七年失败的统治,诸如乱发纸币等政策,几乎都是搜刮多、建设少。国家连年闹灾,元朝统治的最后二十五年,大规模的蝗灾就有十九次,大饥荒十五次,水旱灾五十九次,可谓天灾人祸齐集。十七年惨烈的元末农民战争,其战斗密集程度之高,过程之惨烈,波及范围之广,更是前所未有,只说百万人规模的城池攻防战,就有高邮之战、洪都之战、平江之战等,昔日繁华的城池,几乎都在战火中灰飞烟灭。至于战争范围,更是空前扩大。红巾军的北伐一直打到辽东,南方的福建等省更是内乱频频,而朱元璋与陈友谅、张士诚两位枭雄争天下的主战场则是传统经济区长江流域,大江南北,几乎都给打烂了。

即使与之前几大封建王朝相比,也可看出明朝此时局面有多难:唐朝开国,虽然也历经战乱,但一个事实是,唐之前的隋朝后期,固然倒行逆施,横征暴敛，但隋王朝自身丰厚的钱粮储备，还是成了后来唐王朝开国治天下的家底。接下来的北宋，宋太祖赵匡胤黄袍加身得到的是一个历经后周两代帝王苦心经营初显繁荣的国家，更何况当时五代诸国中，如南唐、后蜀等国，自身经济基础也不差，这些全都给北宋的繁荣打了底。元朝一统天下，先有忽必烈在北方的苦心建设，后又全盘接过南宋的富庶家当。要论开国的本钱，比明王朝此时更惨的恐怕也只有两汉王朝。

如果就经济条件来说，无论人口还是土地，两汉开国的局面都不比明朝好多少。所以无论西汉高祖刘邦，还是东汉世祖刘秀，开国后的第一件事都是休养生息搞发展，就算边境上匈奴闹得欢，也都打落门牙忍下这口气。

但就这点说，明朝却比两汉还要难：两汉尚且还能忍一口气，求个和亲，争个和平环境，而明朝，却连这条都没得争。

看看明朝的历史年表就知道，朱元璋举行登基大典的时候，大明王朝的统一战争并未真正结束，徐达、常遇春的北伐大军还正在浴血奋战。一直到这年七月，明朝才攻克元大都，驱逐元王朝，随后又一路北进西讨，发动对元朝残部的征伐，相继收复山西、陕西、甘肃各省并招抚收服青藏。这期间双方在北方进行了多次十万人以上规模的大会战。一直到洪武五年（1372），北方才暂时太平。一直到洪武十四年（1381），明朝才平定云南，彻底扫平南方。然后洪武二十年（1387），明朝收复辽东。换句话说，仅完成国家的统一战争，大明王朝就断断续续用了二十二年，更何况与元朝残余力量即北元王朝的对峙，更是用了朱元璋一生。

这就是明朝此时的困局，一个经济疲敝的江山，没有和亲妥协的可能，却要在支撑长期战争的同时完成国民经济的恢复与稳定。仅此一项，便是艰辛的任务。而要开创盛世，奠定伟业，更是难上加难。

然而这个难上加难的事，明王朝却办成了，三十年的苦心经营，明朝一边打仗一边搞建设,两手抓两手硬,不但统一江山,追亡逐北,横扫北元,更缔造了一个足以笑傲青史的"GDP成就":洪武二十六年(1393),明王朝的耕地总数达到八百五十万顷,比宋朝的最高数据多三百多万顷,更是元朝最高数据的四倍。国家是年的税粮收入高达三千二百万石,是元朝最高数据的三倍。全国人口根据后世的估算,接近六千七百万人,突破了此前中国历史的人口最高纪录。国家财政储备方面,按照《明史·食货志》的记录,各个州县的府库都粮满仓,甚至存到"红腐不可食",政府富得流油。老百姓的生活又如何呢?有当时民歌可以佐证:"山市晴,山鸟鸣,商旅行,农夫耕,老瓦盆中浊酒盈,呼嚣隳突不闻声。"

开国时期经济贫困、民生凋敝、内忧外患、战火不息的明王朝,历经三十年治理,成为一个国富民强、经济繁荣、生机勃勃的国家,这就是朱元璋缔造的大奇迹——洪武盛世。

二、移民建设,两腿走路

"洪武盛世"这个奇迹,朱元璋是怎么实现的呢?

历代封建王朝,打完天下后治理天下,方法基本一脉相承,简单说就是四个字:休养生息。

所谓休养生息,字面意思就是全天下都休息:朝廷爱惜民力,轻徭薄赋,勤俭节约,经济慢慢恢复。

但明初经济困顿之深,不是省点儿零花钱就能解决的,大量劳动力的减损和土地荒芜,仅靠轻徭薄赋的自然恢复更是远远不够。就像一个遭受重创的伤者,如果要想恢复健康,休息和护理固然重要,强心针有时候更是必须打。

强人朱元璋面对的问题同样如此。于是朱元璋就像当年白手起家的时候一样,从登基开始,便运筹布局,以其精准的眼光和坚忍的胆略,为大明王朝的肌体打入了三支重要的强心针。

第一支强心针,是风险最大的一针,历史上称为"洪武大移民"。"洪武大移民",即明初开始的移民垦荒运动,也就是为解决明初各地地荒劳力少的难题,利用中央集权的行政能力,将人口稠密地区的农民,整体搬迁移至人少地区定居。

这个办法并非朱元璋首创,在中国古代史上也不罕见,秦汉时期就有皇帝用过,比如秦始皇开发河套,汉高祖至汉武帝时期,西汉政府多次迁移中原地区的大族到关中地区居住等。但和朱元璋的"洪武大移民"相比,之前的历次移民运动,都可谓小巫见大巫。

朱元璋的"洪武大移民",对象比较固定,主要是人口稠密的江西、江南、山西三地。但移民的目的地,范围却极其广大:往东到辽东,往北一直到内蒙古地区,往西一直到甘肃地区,往南甚至一度到了云南南部地区,覆盖范围之广,可称历史之最。

至于移民的次数和规模,放在古代交通条件下,可以说庞大到恐怖:从明朝开国前,迁移苏州百姓到凤阳开荒算起,朱元璋在位时期,仅《明实录》和《明史》中记录的大规模移民,就有十三次之多。前后迁移的人口,有数字可考的,加起来有一百六十万之巨。学者陈梧桐在其著作《明史十讲》里提到,真正的数字很可能突破三百万人。这是中国古代史上一次史无前例的人口大迁徙。

后世很多史家说到这里,就开始诟病朱元璋,说这场史无前例的移民运动给百姓带来惨重的苦难。但必须看到的是,持续三十年、前后十余次的移民运动,固然制造了无数家庭的分离,可相较于中国历代几次重大的"政府性工程",诸如秦长城、隋大运河之类,明朝这场规模更加空前的迁移运动未曾酿成类似前代的变乱,仅此一条,就足以值得后人正视。

而且一个后世正史都承认的事实是，在从头至尾的整个移民过程里，政府对于移民的待遇允诺，几乎每一条都完全兑现，税减了，路费发了，安家费有了，背井离乡的移民们，在全新的家园获得了更多的土地，从此开始了新的拓荒。强人朱元璋治下的大明朝廷，以其高速的效率和强力的执行力，完成了空前的人口迁移。

随着十数次人口迁移的完成，大明王朝的人口布局和劳力分布，逐渐发生了改变，诸多原本荒芜的地区获得了大量劳动力，经济开始高速回升。对于明朝经济的复苏乃至中国的人口版图布局，甚至缩小地方经济差距、促进民族融合，这件事都影响深远。

但就明初的经济困局来说，这一支强心针，显然远远不够。

于是，在大规模移民的同时，朱元璋又紧接着打了第二支强心针，这支针按照现代的说法，叫公共设施建设。

比起"洪武大移民"百万人的迁移规模来说，朱元璋的公共设施建设力度，也是同样强大。

但从操作难度说，这件事同样不是闹着玩，技术含量高，执行细节烦琐，风险更大，当时最近的反面教材就是元朝灭亡，所谓"石人一只眼，挑动黄河天下反"，一个闪失就会出大事。

公共设施建设需要以下几个条件：一是财政实力，也就是政府的经济实力是否承受得起。二是可行性，必须抓最紧要的地方进行建设，避免做无用功。三是执行力，好政策得落实到位，上至技术构思下至工程进度，所有细节都要抓。

而朱元璋的做法，套用老百姓的一句俗话就是："有多大荷叶，包多大粽子。"

朱元璋的水利工程，从打天下的时候就开始修，早在至正十八年（1358），他就设置了专门负责水利的营田使，负责人就是其麾下的名将康茂才，从那以后,每打下一块地盘,就修一处水利,确保了辖区内的农业生产和军用供给。

等到明朝开国后,水利工程更成了朱元璋治国的头等要事,他登基第一年就下诏:民间凡是有关于水利事务的奏疏,必须立刻奏报。但执行起来,却是循序渐进。开国的头几年,水利工程主要集中在经济相对富庶的江南和淮西地区,比如先于洪武元年(1368),修和州水堰二百多里,五年后,又大修嘉兴、松江地区水利,动用民夫万人,不但疏通水路,更开上海胡家港一千二百多丈,打通海运要道。

随着明王朝在全国的统治日益稳固,水利工程项目扩展到全国,广西、陕西、甘肃、浙江、福建、广东等地都有大规模的水利工程建设。然而,这些水利工程并不是盲目地修,而是和此时明王朝诸如移民、屯田之类的大动作息息相关,哪里开荒种地,配套的水利工程就立刻跟上,种到哪儿修到哪儿,生产和灌溉无缝对接。

朱元璋的苦心并没有白费,他在位时期,明朝的水利工程成果取得了极其惊人的成就:洪武二十八年(1395),明王朝修筑塘堰40987处,河流4082处,堤坝5048处。

特别值得一提的是贯穿南北的京杭大运河。朱元璋一辈子修了那么多水利工程,但对于这条主干道,态度却极其慎重。洪武时代明朝的北方物资供应还是以屯垦为主,海运补给为辅,大运河这条南北大动脉的完全恢复是明成祖朱棣时期的事情。

水利工程的全面铺展,也为明初开始的垦荒热潮推波助澜。经济的复苏增长,从此开始加速。

除了兴修水利外,朱元璋终其一生,还大力整治大明朝的公共交通,修治了连接各省的驿道,并设立了完备的驿道管理和考核制度。被翻修得焕然一新的江山,也因此而重新连成一片。

明王朝打下了这一支强心针后，效果立竿见影。交通的恢复与延伸，不但提升了政府行政的效率，更连通了工商业往来。

三、两道诏书，惠泽千秋

上面两支强心针，之所以打得如此顺利，与朱元璋打的第三针有关，这一针与其说叫强心针，不妨说是活力针。为大明王朝乃至中国古代史注入新活力的，是他在位时期的两道看似不起眼的诏书。

第一道诏书是载于《皇明诏令》中的《正礼仪风俗诏》，其中有话："佃见田主，不论齿序，并如少事长之礼。若在亲属，不拘主佃，则以亲属礼行之。"意思是佃户见了自家的地主，无论年龄大小，要行小弟见兄长的礼节，如果双方是亲属，那么不论地主与佃户的身份关系，都要行亲属的礼节。

第二道诏书发布于明朝洪武十一年（1378）五月，朱元璋给工部下诏，命令"在京工匠上工者，日给柴、米、盐、菜"，又规定"休工者停给，听其营生勿拘"。这两段诏书的意思连起来是：在京城服役的工匠们，在干活的，每天都要补助柴火米粮和油盐蔬菜，没有在工作的，虽然不发这些东西，但他们也可以干别的营生，不要因此拘捕他们。

两道诏书，第一道讲的是佃农见主人的礼仪，第二道讲的是工匠在京城干活的津贴。看似不起眼的小事，放在封建社会，却都是不简单的大事。因为这两道诏书对应的，是之前元朝关于平民的两个底层制度——佃农制度与匠籍制度。

佃农制度，也就是佃户和地主的关系制度，这制度发展到元朝，已严苛到极致：元朝的佃户，差不多就是地主家的奴隶。《元典章》里明文规定，地主和佃户之间，要行严格的主仆之礼，甚至地主打死了佃户，也不过是打板子赔钱了事（杖一百七，征烧埋银五十两）。所以元朝统治的九十多年间，没有土地的佃农过的就是非人的生活。

朱元璋这样一改，情况就不一样了。原本是尊卑有别的主仆关系，这下成为"少事长"的兄弟关系，虽说还是地主高，但地位一下子拉平了。再想拿佃农当牲口使唤，法律首先就不答应。

而且朱元璋不是搞形式，接下来规定：地主如果打死了佃农，照样杀人偿命，打板子赔钱都没用。如果地主想要佃农替自己服劳役，那没问题，但得给佃农劳务费，法定价格是"须出米一石，资其费用"。拿着佃农当奴才，想怎么拿捏就怎么拿捏的"好日子"，至此到头了。

与第一道诏书比，第二道诏书的影响同样极其深远：给工匠们发津贴，看似小事，触动的却是之前元朝手工业的重要制度即匠籍制度。

所谓匠籍制度，就是将全国的工匠们编订成专门户籍，入籍的工匠，便是匠户，一个工匠不入籍，就等于没活路，如果入了籍，不但一辈子干这营生，而且子子孙孙，世代都要干。

元朝实行匠籍制度，主要为了用工方便，要干个什么活，直接按匠籍抓人。干活的工匠，不但路费要自理，来京城的生活费要自备，而且干活也没酬劳，只有一些粗劣的食物，且绝不允许其间做别的营生糊口，抓到就是重罪，命运极其悲惨。

明朝初建时也沿用了这一制度，工匠们的命运随着改朝换代依然悲惨。直到洪武十一年的这份诏书，一切才开始改变：给工匠们发津贴，数额虽不多，但日子总算好过了。更重要的改变，在这事儿八年之后发生了：洪武十九年（1386），明王朝正式规定，各地匠户每三年上京服役一次，每次不超过三个月。这样一来，工匠们终于不需要常年服徭役，有更多的时间从事自家的营生。又过了七年，即洪武二十六年（1393），法令再次修订，按照工匠们工种的不同和路程的远近，重新编订服役时间，这些轮流服役的工匠，便被称为"轮班匠"。而在皇宫内府服役的工匠，更可按照工种每月领工钱。这一系列看似微不足道的演进，却堪称匠籍制度的重大突破。

说重大，是因为这样的突破不止工匠们拿钱多了，自由度大了，服役期短了，最重要的是其身份的演变。朱元璋身后，在明朝永乐年间，工匠们终于有了更大的自由，服役也有工钱拿，而且服役以外的时间，更可以自主从事营生。按照《明会典》里的话说，就是"自由趁做"，他们有了自由。

佃农有了身份，工匠有了自由，这便是朱元璋一生执政中另一个了不起的成就。这些原本被紧紧捆绑在元朝等级制度上的草根，从此可以在新的王朝自由地舒展，佃农们可以挺起腰杆干活，工匠们更不会被强迫劳动，而是有了更多创造的机会。仅从两个事实，便可窥见这个成就的意义：1.朱元璋在位三十年，农民开垦新荒地的数量，几乎每年都是滚雪球般增长，明朝建国的头十二年，即洪武元年（1368）至洪武十三年（1380），明朝的新垦荒地就达到一百八十三万三千一百七十一顷，而洪武二十六年的耕地数目，更是洪武元年的四倍还多。中国古代史上再难找到第二个这样的农业腾飞奇迹。2.明朝的手工业，在经历了洪武时代的累积后，特别是陶瓷、丝绸等行业，一反元朝时代的粗糙形象，重新焕发出生机。比如陶瓷业，洪武元年一片废墟的景德镇，到洪武晚期，已重新成为陶瓷重镇。制作工艺方面，永乐时期的锥拱、脱胎，宣德时期的镂空，这些明朝独创的新技术，今天依然闪烁着夺目的光芒。而这一切，毋庸置疑，正来自洪武时代不起眼的改变所激发出的强大活力。

朱元璋的铁腕反贪，真的失败了吗？

明太祖朱元璋执政时期的另一件大事，就是近乎铁腕的反贪手段，全国的官场上，几十年里血雨腥风，对贪官污吏的惩处方式极度凶残。但后人的一句吐槽，也是随之而来：你朱元璋这么拼命反贪又怎样？不照样失败了？

那么问题来了，朱元璋的反贪，真的失败了吗？

是不是失败，得先明确一件事：朱元璋为什么要反贪？

这句话的背后，是至今很多嘲笑朱元璋的人没有看到或是刻意无视的真相：草创的大明王朝，贪污腐败的状况，已经到了触目惊心的地步！

通常来说，新生的封建王朝，吏治都会相对清明，为什么偏偏明朝到了这个地步？首先就得说说之前那个刚灭亡的元朝。那个堪称中国古代史上空前腐败的王朝，别看已经被打回到草原上，但贪腐的流毒却依然蔓延：元朝腐败的基层吏治，在明初的农村越扎越深，大批元朝时就耀武扬威的衙门小吏，依然钻着各种空子狠捞钱，甚至就连朱元璋派出去的知县，都曾有过被当地小吏捆绑吊打的经历。

但比这更严重的，是明初开国团队的迅速腐化。作为一个以农民起义起家的草根政权，明初这些苦出身的开国功臣，在得到了权力高位后，迅速腐化，全在忙着甩开膀子捞钱，甚至和地方土豪劣绅勾搭连环。中央各级高官，也是比赛钻国家空子，比如著名的大明宝钞，每次发行都被中央衙门私自截留一百多万，浙江百姓每年的摊派赋税更多达七百种。各省送交中央的税粮，竟然闹出了还在路上运输就被沿途官员瓜分光的笑话。初建的大明王朝，短短几年，就迅速腐化成贪腐王朝。

如果单看这几年明王朝的吏治，莫说未来的几百年社稷没影，亡国都绝非危言耸听：明朝建国的头三年，各地仅军户就逃亡四万多，大大小小的农民暴动三百多次——全是腐败惹的祸！

这样一个前朝贪腐流毒深入骨髓，甚至又在疯狂滋生的局面，如果坐视不理，那就将重演之前一千多年里各种农民政权短命败亡的历史悲剧。好不容易天下一统的中华大地，极有可能陷入新一轮暴乱。于是，朱元璋果断做出了选择：刮骨疗毒！

比起这被无视的反腐原因，同样被妖魔化的，是朱元璋的反贪措施，许多人在津津乐道朱元璋残忍的反腐手段时，忽略了他的另一个影响历史的创举：制度先行！

在对举国贪官污吏举起屠刀前，朱元璋费尽心思，创立了一套明朝特色的官员监察制度：每一个新任地方官，都要拿到一本《授职到任须知》，里面写了地方官任内应该做的各种工作与注意事项，每一条都有严格的考核标准。覆盖整个官场的考察模式，以及能够独立于行政权力之外的监察御史制度，从洪武三年起，有条不紊地建立起来。元朝时漏洞百出的官场制度，终于被安置在朱元璋特制的监察铁笼里！

然后，就是朱元璋的雷霆手段了，世人常诟病他近乎严苛的反贪政策——贪腐六十贯钱就扒皮塞草的酷刑。但如果参考元朝初年的物价的话，六十贯钱已经是非常高的标准。在一整套监察体制建立以后，明朝官场的暴风整顿，以温水煮青蛙的方式展开。从洪武五年起，陆续有贪腐分子落马，到了洪武九年时，达到了空前的高潮，全国落马的官员总数突破万人，以反贪名臣韩宜可的奏报为证：各省的驿道，几乎都被押送犯人的囚车堵住了。而凤阳地区的农田里，更有大批白白胖胖的犯人在含泪劳动——全是正劳改的贪污犯！

很多人都在诟病，朱元璋的反贪，是否会反出冤案，但是，只要参考过元末明初的腐败状况，就知道这其中绝大多数落马官员，都丝毫不冤：地主勾结地方官，用烧红烙铁逼迫农民分摊税粮的凶残场面；国家公章可以随便用，乱盖章分公款的雷人现象；基层小吏勾搭连环，架空地方官的恶劣风气。而唯独与之前历代王朝反贪不同的是，朱元璋这次采取了绝对零容忍的策略，在前朝反贪里可以从宽权宜的罪名，在他这里没有丝毫转圜——贪腐，就要付出代价！

洪武十八年，横扫了举国腐败分子的朱元璋，又朝着元朝以来另一个痼疾开刀——地方豪绅勾结官员。这个下刀处选在了此恶政的重灾区——江南。一场郭桓案，不但刨出了贪腐四千万税粮的户部侍郎郭桓，更是顺藤摸瓜，把江南豪门勾结朝廷官员偷税漏税的黑账全查了个清楚，整个江南地区三万多人犯罪！大明由此追回了大量税款，更叫百姓免于沉重负担。只要参考下明末年代，江南东林党勾结朝中重臣偷税漏税，活活害死明朝的教训，就知道朱元璋这一刀杀得有多狠！

比起这些知名的"残暴"事，相对被忽视的，是朱元璋"温柔"的一面：对清官的奖励政策。

与严惩贪官相对应的，就是朱元璋对清官的表彰。只要地方上涌现出廉洁清官，朱元璋会极力表彰，给予优厚的赏赐，有时还有奇葩的表彰方式：每三年一次地方官进京述职，他都会给各位官员赐宴：凡是考核表现优秀的，坐着吃香喝辣。表现普通的，那就得站着吃，没吃两口就腰酸腿痛。但这还不是最惨的，门口还有一群考核差的，排队在那里候着，眼巴巴地看着别人吃，直到宴席结束，饿得眼冒金星，才能离开。

而且这还不算完，大明每个村的村口，都有旌善亭，哪个官员做出了好业绩，立刻就写上，回家探亲时除了赐米赐绸缎，还专门派乐队鼓乐开道，保证红遍全国。至于犯错的官员就惨了，就算能逃过死罪，犯过的错也要写到各村另一个亭即申明亭上。而且家门口上也要写明犯罪事实，专供过往群众参观。

正是在这样的重手整肃下，明朝诸如移民兴修水利等建设，才能在清明的吏治环境里火热展开。这一伟大成就，就连清朝人编修《明史》时也给予高度评价：吏治澄清者百余年。

朱棣的铁拳

从执政风格上说，明成祖朱棣堪称是位创业皇帝。

他一个公认的贡献便是巩固维护国家统一，特别是加强了少数民族地区与中原之间在经济和政治上的紧密联系。在此期间，他在西域设立哈密卫，行使中央主权；在西南推动"改土归流"政策，同时建立贵州省；在东北设立努尔干都司；在西藏封赠乌斯藏；甚至借郑和下西洋的机会，对南海诸岛屿也进行勘测，并且重新命名，著名的"永乐群岛"即由此而来。如上种种，都是影响深远的好事。

在巩固维护国家统一这件事上，朱棣一辈子操心最多的便是与蒙古草原的关系问题。

一、鞑靼来个下马威

自从洪武二十年（1387）明将蓝玉在捕鱼儿海大战中全歼北元主力后，蒙古草原的格局就接连出现了骤变。

先是在捕鱼儿海大战中捡回命的元益宗脱古思帖木儿,没死在明军手里,却被宗室也速迭儿杀死,之后经过多年内讧,最终由非"黄金家族"的鬼利赤篡夺大权。鬼利赤取消了"元"的称号,恢复了蒙古部落的古称"鞑靼",被很多"专家"认定又延续了近三百年的北元王朝,其实已不复存在。

这时的蒙古部落,也分成了三大部分,除了鬼利赤控制的"鞑靼"外,还有卫拉特蒙古,即瓦剌部,以及早在洪武年间就得到明朝册封并曾帮助朱棣"靖难"的兀良哈部。

论起和明朝的关系,这三大势力,在当时也各有不同。

最亲的当属兀良哈,即"靖难之役"时期的"朵颜三卫"。"朵颜三卫"开始是宁王的护卫,后来又成了朱棣的急先锋,等朱棣登基后,为了表示感谢,就把原先属于宁王的大宁卫封赏给他们,且允许他们在开原、广宁两地与明朝互市。就连三卫中的各级大小头目,朱棣也都给予了官职。朱棣每年更厚赐稻种农具给他们,双方关系好得不得了。

然而和明朝关系日益亲密的却是瓦剌。明初的瓦剌,定居在今阿尔泰山山麓至色愣格河一带,共分为三大部:辉特部及其首领秃孛罗,绰罗斯部及其首领马哈木,客列亦锡部及其首领太平。

这时的瓦剌,虽然实力蒸蒸日上,但比起有黄金家族背景的鞑靼来,却还是弱势,两大部族的仇怨,本就结得深,常年相互攻打不休。瓦剌跟明朝的关系也越走越近,朱棣登基伊始,瓦剌就派使者来朝贺,到了永乐六年(1408)冬天,瓦剌三大部落的首领,即马哈木、秃孛罗、太平,一道接受了明王朝的册封,分别被授爵"顺宁王""太平王""贤义王"。至此,瓦剌也与兀良哈一样,成为接受明王朝册封的地方势力。

在朱棣登基早期,一直和明王朝敌对的是鞑靼。

这时的鞑靼，实力在蒙古部落中最强大，内部矛盾也最大，鬼利赤篡权没几年，又被另一大将阿鲁台打败。阿鲁台杀掉鬼利赤后，把一直在帖木儿帝国逃难的"黄金家族"后裔本雅失里接回来做傀儡可汗，其实自己掌握大权。

无论是谁掌权，鞑靼对明朝的态度都是一贯强硬。特别是阿鲁台掌权后，本来朱棣还想一心争取，不但在边境开设互市以经济手段拉拢，更划拨土地，招抚归降的蒙古人，甚至还多次派使者出使。阿鲁台起初还肯虚与委蛇，而随着对瓦剌战争的节节胜利，他的胆子也大了。永乐七年（1409）三月，朱棣再次派使者出使，更做出友好表示，释放大批先前俘虏的鞑靼军官，不料阿鲁台胆大包天，竟然将明朝使者郭骥杀害。这下惹恼了朱棣，开战！

打仗这事，朱棣一向效率高，阿鲁台三月份杀明使，是年七月，朱棣爱将丘福率领的北伐大军就出征，谁知欲速则不达，这丘福早在"靖难之役"时就是出了名的有勇无谋，这次更是轻敌冒进，七月出兵，八月就中了埋伏，十万大军全军覆没不说，丘福及麾下五位大将全数战死。

战报传来，一生所向披靡的朱棣愤恨不已，打一辈子仗哪吃过这么大亏？于是一个更大规模的战争计划迅速启动——御驾亲征。

二、御驾亲征破胡虏

在对待鞑靼的问题上，朱棣真是铁了心，丘福不行，就干脆自己来。接到战报的当月他就命令长江以北所有精锐部队都要限期集合，一共集结五十万人，非要打服鞑靼不可。

洪武皇帝朱元璋，三十年苦心治国的成果，这次完美呈现，大明帝国的战争机器，以惊人的效率迅速开动。仅运输粮食的武刚车就准备了三万多辆，军队规模更是空前庞大。这一时期的名臣金幼孜曾赞叹说，这次大明军队的兵甲之威武，车马之雄壮，都堪称历史空前。大军行进所过之处，隆隆的声音，连山谷都会被震撼。

如果从动员人力上说，这次北征创造了中国历史的记录：作战部队高达五十万人，运送后勤给养的护卫军队和民夫，有近六十万人。这种动员人力超过百万的大规模征讨，堪称整个中国古代史上最为强大的远程军事作业。

这种空前规模的战争准备，也彰显了朱棣必胜的决心。决心这么大，还是跟当时草原的局势有关。虽然草原三大势力中，兀良哈和瓦剌都相继归附明朝，但彼此的关系并不牢靠，鞑靼代表"黄金家族"，素来威望高，只有打服了鞑靼，才能真正威慑草原。更何况丘福战败，影响恶劣，如果不能扳回局面，瓦剌和兀良哈的叛变只怕是时间问题，所以不惜一切代价，一定要打赢。

永乐八年（1410）二月十日，这支必须胜利的北伐大军，在朱棣的率领下正式出发。职业军人出身的朱棣，这次更是兴奋无比，一路上除了给群臣灌输必胜信念外，还忙里偷闲，时常闹些游乐项目，要么是拉大家赏雪，要么是给路上所见的山川河流命名，甚至还常弯弓搭箭，追逐野兔。这支武装到牙齿，声势浩大的军队，在朱棣的这番引导下，更像是个欢乐的旅行团。

这种轻松愉快的表现，更说明了朱棣必胜的信心。就像他不断告诉部下的那样，这次出征，大明有五个理由必胜：以大击小，以顺收逆，以治攻乱，以逸待劳，以悦吊怨。

但作为一个久经沙场的军事奇才，朱棣并非盲目乐观，反而深知此战的艰巨：深入漠北，后勤补给面临极大考验，面对战斗力凶悍的鞑靼骑兵，即将到来的将是一场严峻的恶战。

可也正因为是恶战，朱棣才这么兴奋。他骨子里流淌的就是军人的血液。一个优秀的军人，渴望迎接一切挑战，面对最强大的对手。因此在这场中国古代史上规模空前的深入远征中，军人朱棣十分享受这个过程。

五月，苦苦寻找敌人的朱棣经过严密搜索，终于有了斩获，原来听闻朱棣大军压境，鞑靼可汗本雅失里与太师阿鲁台竟然双双脚底抹油，分头逃窜。其中本雅失里倒霉，本以为逃到斡难河就安全了，谁知朱棣横下一条心，率领轻骑兵死追，追到这里逮个正着。

其实遭遇本雅失里的时候，朱棣的抉择也十分冒险。当时明军大部队并未跟进，只是朱棣带着护卫精锐，每人携二十日口粮在急追。在遭遇本雅失里的时候，后续的火器和步兵部队还在路上，以朱棣带领的卫队数目，对比本雅失里毫无优势。

但朱棣毅然决定：打！这是在成吉思汗起家的斡难河上，明朝皇帝与蒙古可汗之间一次真正面对面的血拼。不打埋伏，不耍诡计，狭路相逢，就看谁更勇更硬。

迅烈如风的攻击，就这样猝不及防地打响了。朱棣亲自登高布阵，命令进攻。追击而来的明军似烈火燎原一般，发起了汹涌的攻势。气儿都还没喘匀的本雅失里顿时傻了：这是一群怎样的怪物，一路追杀，毫不停歇地就要打。完全没有准备的蒙古军，一个回合交手下来就被打崩溃了。本雅失里惊慌失措，带着七人七骑仓皇逃窜。

这就好比一个勇士憋足了劲儿，要给老对手致命一击。没想到对手已经吓破了胆，才给揍了两拳，就脚底抹油仓皇逃窜。

斡难河（今鄂嫩河）大战，朱棣出奇制胜，赢得干净利索，心情也格外开朗，顺便还给战场上的河流改了名，起名叫清尘河。这个颇有情怀的名字，伴着这场霸道的胜利传扬出去，以至于仗刚打完，大批蒙古部落就组团来表忠心。《明实录》上的"降附者甚众"，正是真实写照。

但朱棣也深知真正的考验还没到，鞑靼的主力部队都掌握在阿鲁台手里，而后朱棣做出了另一个勇敢的决定，一面发布诏书，宣布班师回朝，命大部队南归,摆出回家休息的样子;一面亲自率领精锐部队,继续向东搜索,不找到阿鲁台决不罢休。

功夫不负有心人。六月八日行军路上,途经飞云堑时,朱棣正遇到藏身山中的阿鲁台。作为一个享誉草原的名将,阿鲁台的反应也十分迅速,立刻利用山地掩护且战且退,与朱棣相持。

面对狡诈的阿鲁台,朱棣命令明军结成严整军阵,步步紧逼碾压,将阿鲁台逐步压制在飞云堑的九龙口。经过三天僵持后,战斗终于打响,朱棣这次来个引蛇出洞,先派几百骑兵挑衅,被逼急眼的阿鲁台果然大兵杀出。这下明军来了精神,朱棣仅带着千人精锐,奋勇冲进鞑靼军阵中,紧接着明军将敌人打得崩溃,阿鲁台仓皇逃窜。

特别搞笑的是,兵败如山倒的阿鲁台,第一反应不是骂朱棣,而是冲身边人骂娘。本来对这仗打不打,他就一直纠结,是身边一批猛将拍胸脯保证,说鞑靼战斗力必胜明军,这才壮着胆子打一把。而且比起本雅失里七人七骑轻松逃窜的潇洒,阿鲁台格外狼狈,还曾经一度被明军咬住,惨遭明军火器暴力轰炸,吓得又一批部下慌忙投降。

至于阿鲁台本人,则是一边逃一边哭骂部下,叫你们当初不让我投降,现在跑都来不及了。

比起悲戚戚的阿鲁台,朱棣却是心情大好,回师的路上还兴高采烈地拉着部下游览沿途的名山大川,捎带写了一票诗文,碰到好看的景物,又命令刻石纪念。胜利的滋味着实美好,但真实的过程却格外艰辛,明军回师路上粮草匮乏,许多士兵饿死。胜利,其实艰难无比。

这场艰难的胜利意义非常重大:虽然本雅失里跑了,也没逮着阿鲁台,但此后不久,本雅失里就被瓦剌杀死,阿鲁台则乖乖向明朝臣服,并于永乐十二年(1414)七月,受封为明朝"和宁王"。此举意义非同一般,以历史学者朱绍侯主编的《中国古代史》中的话说，这意味着"蒙古族统治者的政权变成为明朝中央政府管辖下的地方政权"。

三、忽兰失温真凶险

自从被朱棣狠打一顿后，阿鲁台在明朝面前暂时老实了，不但频繁遣使入贡，更寻机会时常挑唆，拼命离间明朝和瓦剌的关系，每次给明朝汇报工作，内容也千篇一律，不是说瓦剌欺负他，就是说瓦剌心怀不轨。

对阿鲁台的用意，朱棣心知肚明。面对挑唆，不上当，还对阿鲁台尽量拉拢，除了给爵位、不断厚赏外，连阿鲁台失散在中原的哥哥妹妹，也一并找到送回，令他们一家团圆。

但随着与鞑靼关系的不断升温，明朝和瓦剌的关系却日益降温。

鞑靼败于明朝后，实力大为削弱，瓦剌则趁机崛起。在马哈木的率领下，屡屡痛击鞑靼，抢占了不少人口地盘。

马哈木的腰杆子也逐渐硬气起来，竟然连明朝的账也越发地不买。每次马哈木暴打阿鲁台，明朝出面阻拦，马哈木都充耳不闻，到了永乐十一年（1413），马哈木干脆停止向明朝进贡，甚至放话说要一统漠北草原。眼里不揉沙子的朱棣哪受得了这个，在精心准备之后，决定大举进攻瓦剌。

这次出征，从永乐十二年（1414）三月二十三日开始，而且跟上次出征比，这次朱棣还有一个额外目的——带着当时的皇太孙即后来的明宣宗朱瞻基一路随行，好好锻炼下这个朝气蓬勃的年轻人。

大军一路向西北进发，与上次不同的是，比起鞑靼人当时的惊慌失措，这次瓦剌人极为镇定，虽然也是一路撤退，却井然有序，完全是计划中的坚壁清野。以马哈木不服输的性格，撤退必然是个圈套，一个巨大的埋伏圈正在前方等着明军。

瓦剌人的镇定，也是有原因的。自从北元覆灭，蒙古草原分裂后，瓦剌虽然在经济与人口方面跟鞑靼相差太远，但它一直笑傲蒙古草原的就是骑兵战斗素质。早在元朝年代，瓦剌骑兵就是最可靠的兵源，其战斗素质之精良，此时更冠绝草原。

而且更重要的理由是，瓦剌首领马哈木，认定自己已经找到了胜利的钥匙。在他看来，鞑靼上次之所以被朱棣暴打，不是因为朱棣很能打，而是因为本雅失里和阿鲁台太蠢。

《黄金史》里对此记录说，马哈木曾对瓦剌的另两个首领太平和秃孛罗有过细致的分析，认为鞑靼当时的失败，关键是战术错误——鞑靼还是采取传统方式，想着一路撤退，等拖垮了明军后再反击。但大明的后勤补给和国力都到了空前恐怖的地步，这样做非但拖不垮大明，反而先拖垮了自己。于是才有了本雅失里的崩溃和阿鲁台的溃败。

综合国力强大的大明，已非昔日印象中的对手。对付这个对手，靠拖字诀是不够的，必须精心设计一个圈套，在这个圈套里，用草原骑兵最熟悉的模式战胜他。

六月七日，朱棣的大军，抵达了这个圈套的袋口上——忽兰失温。

这次马哈木的算计，可以说是环环相扣：先有计划地节节撤退，引诱明军追击，然后集结精锐骑兵，埋伏在忽兰失温的高山上，利用骑兵优势进行反扑，一举击溃帅老兵疲的明军。

为了完成这最后且最关键的一环，马哈木更是下了血本。囤积在忽兰失温山岗上的三万铁骑，全是优中选优的精兵，都是之前参加过与鞑靼战斗甚至西征亦力把里战斗的勇士，堪称百战精锐。他们在这山中养精蓄锐多日，昂扬的战意更似蓄满的洪水，时刻等着疯狂倾泻的一刻。为了保证给明军迅猛剧烈的打击，马哈木为这支骑兵准备了超过十万匹的精良战马，保证每个战士都有三匹以上的马可换用。这是一场赌上瓦剌所有战争储备的生死决战。

面对马哈木的算计，朱棣不是不清楚，清楚还要跳进来，因为这是一场不能输甚至不能退的战争，必须赢的目标下，刀山火海也要闯，最重要的是他相信，这关他闯得过去。

当日战斗打响，马哈木就先吃了一惊：明军阵容严整，兵甲鲜亮，排成钢铁包裹的大阵，隆隆碾压而来。他起初打算趁明军大阵移动的时候发动突然袭击，可眼前无懈可击的军阵，让他只有正面冲锋一条路。

但马哈木很得意的是，明军到底还是犯下一个大错误：在山下的平地上摆开阵势，而且还是迎风列阵，朝着高山上的瓦剌骑兵仰攻。一旦瓦剌骑兵发起冲锋，必然会像山洪倾泻一般，饶是你兵甲坚硬，照样给冲得七零八落。于是自信的马哈木放松发出了进攻的号令。三万早已准备就绪的瓦剌骑兵呼啸而出，以迅猛的速度和磅礴呼啸的气势，直扑向明军大阵。

战后朱棣在回师路上对孙儿朱瞻基说过，他戎马一生，第一次见到如此凶悍强硬的角色，冲锋不怕死，作战速度极快，而且不同于传统游牧骑兵的是，他们团队作战能力极强，无论骑射还是搏杀，都懂得相互掩护配合，如果说骑兵冲击似洪水汹涌，那么眼前这支瓦剌军，更似怒涛巨浪。

但饶是如此，朱棣也毫不慌张，这样强大的对手，才有资格享受下大明军事革命的最新成果——神机营。

神机营是朱棣自靖难之役以后，吸取自己险些在内战中被火器打死的教训，苦心练就的一支全新火器部队，也是人类历史上第一支全火器装备的部队。其实早在九龙口血战阿鲁台的时候，这支部队就发挥过作用。但阿鲁台太过尿包，一听见枪声就跑，因此虽打死了不少鞑靼兵，神机营的名声却还不响。

为了应对这场与瓦剌的血战，朱棣做足了神机营的军事功课。配备的武器，都是堪称领先全球的高科技产品：除了洪武时代曾暴打元军的手铳、碗口炮、神机箭等老牌火器外，还有神机炮和神枪等新产品。不但保证一旦开火，就能把敌人笼罩在密集轰炸下，还给火器安装了防风火门，保证这支恐怖部队即使遇到暴风雨雪等极端天气，也能正常战斗。

自神机营成立之后，首次面对如此残暴的骑兵冲锋，其表现十分正常：冷静地结阵袭击，第一轮交手，就轻松打掉数百瓦剌骑兵。一看攻击受挫，瓦剌骑兵立刻暂停冲击，结阵后撤。

一看战机到来，朱棣毫不犹豫，立刻下令反扑，但瓦剌骑兵的强硬却着实让他吃了一惊，明军骑兵凶暴杀出，却被不慌不忙且战且退的瓦剌骑兵猛然又反咬了一口，连带兵的武安侯郑亨一个不留神，都给打成重伤。然后宁阳侯陈懋又拼命冲击瓦剌军右翼，也同样被打退。

这时的瓦剌骑兵，也体现出其有别于鞑靼骑兵的强悍之处：不但行动迅猛，而且能攻善守，进攻时如怒涛倾泻，防御时则阵容严整、配合默契，是个难啃的硬骨头。

关键时刻，又是强悍的神机营顶了上来，连续的逼近齐射，终于打开一个口子。朱棣这次也豁出去了，亲自提兵冲锋，明军群情激昂，呐喊着冲杀上来。遭遇连番打击的瓦剌军，终于彻底撑不住了。明军却正杀得兴起，都督刘江甚至抛下战马，率领战士们爬山步行冲击，又在侧面撕开瓦剌军一个口子。至此仿佛大堤崩决一般，明军反扑汹涌而上，喊杀声响彻山谷，号称草原骑兵无敌的马哈木败了！

值得一提的是，即使在败局已定的情况下，瓦剌骑兵依然显示出极高的素质，与明军轮番缠斗不休，训练有素的瓦剌精锐交替冲锋掩护，连续与追击明军纠缠了两个山谷。在付出了被斩首数千伤亡上万的惨重代价后，瓦剌骑兵不但顺利脱离了明军的追击，甚至还一度组织战场逆袭，把冲在最前面的朱棣爱孙朱瞻基包了饺子，令这位后来开创仁宣之治的一代明君差点儿血沃沙场。

虽然战事曲折，但整个战役的结局，对于瓦剌来说，几乎是毁灭性的。最精锐强大的骑兵军团，几乎被朱棣一战打废，以至于之后多年与鞑靼的争锋中，基本处于下风。就像上次被朱棣痛打的本雅失里最后死在马哈木手里一样，这次剧情逆转，被朱棣打败的马哈木，于永乐十六年死于阿鲁台手中。

其实在忽兰失温大捷后，朱棣完全有能力发起继续追击，彻底剿灭瓦剌部。真正让他放弃这念头的，正是后来要了马哈木命的阿鲁台。本来阿鲁台信誓旦旦，要一道来配合朱棣打仗，但直到马哈木被揍得跑路，他也连影子都没露。这自然令朱棣认定，留着瓦剌和阿鲁台继续斗，比彻底灭了瓦剌效果好。

瓦剌也十分识趣，马哈木第二年就派使者来道歉，还送上良马等礼物，赌咒发誓要做大明忠心不二的臣子。

而此时明王朝北方的形势，也正如学者朱绍侯在《中国古代史》里的观点：无论草原的鞑靼、瓦剌，还是兀良哈，都"成为明朝中央政府管辖下的地方政权"。在我国统一的多民族发展历程里，这是一个重要的贡献。

朱棣弟弟留下的宝物，造福中国到今天

居家生活，染病难免，病稍重一点儿，就得花大钱。只要老百姓得了病，治病花钱的辛酸泪就得有不少。

但中国人毕竟还是幸运的：博大精深的中医，从来有钻研精神，大夫逮住一样病症，就会世代深钻到底，能治了还不够，必须有更方便廉价的治法，叫更多人治得起。不信就往身边看，发烧肚痛外伤各种病，全有相关便宜好用的中药，药效因人而异。

这件幸事，其实三百年前就给中国人争了光，传教士利玛窦曾告诉欧洲人：明朝人瞧病，花费也就是欧洲人几十分之一，欧洲人将信将疑，认真学过中医后，就不疑了。

历代中医前辈，许多都似摸黑一般打拼过来，其中举足轻重的一位，却是六百年前一位明朝王爷，他历经浮沉，最终似标杆般站起，为这条道路点燃了一盏最亮的灯——明太祖朱元璋的第五子周王朱橚。

一、文艺王爷

朱橚出生于元末天下大乱的至正二十一年（1361），自幼就学于南京皇宫，十七岁获封周王，二十岁就藩开封，是明初各位王爷里看似普通的一位。

明太祖朱元璋的二十六个儿子，强人、狠人、懒人全有，互相没少折腾，最后还有人折腾成了皇帝：朱橚同父同母的亲四哥永乐皇帝朱棣。

站在这帮人里，朱橚看上去很普通，却也有两样独特之处，其中特出名的一样就是文艺范儿——读书时就是兄弟中的学霸，当了王爷后给自己盖了藏书楼"东书草堂"，王府里还自带印刷厂，常年砸钱连买带印。

他这文艺范儿有多大？许多明朝大臣形容朱橚是标准的风流文士。诗词文章他样样拿手，辞藻以华美著称，一部《元宫曲》著称于明初文坛。另外，他也精通戏曲音律，还常带着全家一起玩，手把手教出的长子，就是明初最牛戏剧大师朱有燉。其字画也是绝技，唐伯虎曾如此赞叹：这王爷就算没王位俸禄，只靠写字卖画，也管保能过好日子。

朱橚相对不太出名的另一独特之处，是他的善良。他生在战争年代，见多了厮杀苦难，所以心肠特软，哪怕贵为王爷，听说当地老百姓缺衣少穿，二话不说就放粮救济，饥荒年还常给乡民送种子，类似好事做了不少，却是极少主动标榜宣传，在他看来，这是应该的。

于是，善良且文艺范儿十足的周王朱橚，青年时代一度过的就是关起门来的文艺青年日子，除了捎带手做好事，就是读书写字作画各种玩，文化成果很多，样样低调奢华有内涵。

如果没有意外的话，这位善良有才的王爷，就将这样度过风雅悠闲的一生，说不定还会多留下几样书画艺术珍品，叫后世的藏家打破头皮。但二十八岁那年，也就是洪武二十二年（1389），一场突然的人生风暴打断了他无忧无虑的生活，并终于将他推向了另一条艰辛却光荣的人生路。

二、旋涡浮沉

朱橚这场磨难，根子上说，还是他自己惹的：二十八岁时，有一天他突然心血来潮，没给朝廷打招呼，就自顾自从开封跑到凤阳溜了一圈，来了次说走就走的任性旅行。

但放在明初，这任性可真要命。当时明文规定，藩王没有允准，决不许擅自离开封地，而他去的又是大明朝的中都凤阳，朱元璋闻讯震怒，怒过大手一挥，把这小子弄到云南去！

这个惩罚，放当时真是极其惨重，从开封流放过去，走路就要走到腿肿，而且云南那时号称烟瘴之地，既穷又多瘟疫，倒霉的朱橚来到这里，祸不单行染上病，若非王府医生多条件相对好，真就差点儿没挺过去，短短两年间，尝尽人间苦难。

不过这位文艺青年虽说之前任性惹祸，但祸真闯出来了，心态却极好，哪怕自己受了病痛折磨，却也毫不哀怨，反而关注到另一个现实：大明朝民间悲惨的医疗状况。

此时大明朝老百姓的医疗条件很差：历经元末战乱，民间医生稀缺，更严重的是，许多医疗典籍流失，仅宋元两朝的医学书籍，保守估算，至少散失了八成。就算是官办的惠民药局，治疗水平也很有限。遇到突发灾荒，惠民药局负责施药救灾，水平有限就出大事。明初几次灾荒，都是因为灾后用药不当，惹出更大瘟疫，气得朱元璋暴跳如雷，也只能先杀几个官撒气。

类似事，原先朱橚只是听说，这次流放云南，等于穿越大半个中国，看就看了满眼，自己又病了一次，真是感同身受。尤其这云南，更叫他受不了，当地少数民族多，生活穷苦，医疗条件更差，老百姓遇到个病，四里八乡都难找医生，发生的悲剧也就多。看不了悲剧的朱橚，果断叫来自家王府医官，又花钱买一批药，做了不少善事，却是边做边愁：这么下去，不是个事啊！

终于，朱橚做了一个决定，叫来王府里的名医李恒，交代一个重要任务——你把咱王府里的医生都集合起来，先给我编一本书，书里要辑录各种常见病症和最简单的治疗办法，让老百姓哪怕找不到医生，生小病也知道怎么治。不要怕花钱，缺钱从我这里拿，要快速编好！

一声令下，王府医生们集思广益，加班加点行动，不到两年时间就圆满完成，新型医疗手册《袖珍方》风光问世，选取了各种生活中常见疾病的3077个治疗药方，且用通俗文字写成，认字就能看懂，一出版就引起小轰动，在明代时常再版，尤其是科举赶考的学子，常见随手带一本。

也就是在该书出版前，朱橚又经历了折腾，先被叫回南京，接受一顿教育，但终于在《袖珍方》出版的同年获准返回开封。读了《袖珍方》的人都说，这是朱橚好心有好报,这才苦尽甘来,但周王府的人们却发现,朱橚好像变了。

三、执着一事

那个曾经吟风弄月的才子朱橚,似乎没有了。诗词书画戏曲统统放下,连家里的园子都铲了,专门辟出许多空地,种满各地弄来的奇特植物,而且他还亲自每天观测研究,做详细记录。

这场云南风波,使朱橚认识到,一本《袖珍方》根本不够用,必须继续编书,让不同地域不同风俗的穷苦百姓们都能读到看得懂用得上的超级医书。

以朱棣的原话说,垂悯边鄙之民,地物俗异,遍择古今群方之经验汇成一书!

这个前人谁都没有实现的梦想,文艺青年朱橚满怀热情地投入,不断砸钱倒腾植物,天天瞪圆了眼睛观察,还要整理典籍,筛选药方,正干得热火朝天的时候,又出事了!

洪武三十年(1397),明太祖朱元璋驾崩,皇太孙朱允炆继位,是为建文帝。建文帝年少气盛,憋着劲要整顿这些叔叔辈的藩王,朱橚一身文艺青年脾气,这些年忙着编医学宝典,家务事都甩手,结果就踩了雷:被削去王爵贬为庶民,再度发配云南劳改了。这次才是真磨难,王爷的待遇俸禄全没了,史料上原话是"饮食备极困辱",简直惨到家。

但哪怕在这样的时日里,朱橚依然不放弃,收集整理一切自己能找到的奇特植物,稍有机会就找人求教医学问题,心中仍然念念不忘的还是那个眼看已中断的编书梦想!

三年以后,朱橚的亲四哥朱棣造反成功,坐上了皇帝宝座,是为永乐大帝,朱橚也熬出头,是年就恢复了爵位,第二年朱橚生日,永乐皇帝又特意送上了大批礼物。

经过了两次人生磨难的朱橚，此时已经淡定许多，兄长皇帝的恩赐，他小心翼翼接纳，要给他在洛阳修新王宫，他连忙上奏婉拒：老百姓够苦了，别劳烦民力了，我住旧王宫挺好的。

他唯一的要求，还是编书！

四、不朽功业

编书这个中断多年的梦想，此时已经进入最后也是最重要的攻坚时刻！

永乐四年（1406），朱橚艰辛苦熬的第一样成果《普济方》，仿佛一颗重磅炸弹，瞬间震撼大明朝堂。这是一部集历代医学药方精华的宝典，全书一百六十八卷，两千一百七十五类，六万一千七百三十九种治疗药方。大明朝在当时见得到的病，这本书都能查得到，且治疗方法通俗易懂，还有两百一十九幅精美插图，十分形象生动。

如果说永乐帝朱棣一生最大的文化成就是编纂《永乐大典》，那么朱橚这部《普济方》就是中医版的《永乐大典》，在李时珍的《本草纲目》横空出世前，它就是中国药剂学巨无霸般的存在。特别对于天下百姓来说，最廉价有效的治疗办法尽在本书。

紧接着，大明学术界又是一声轰然惊雷，朱橚另一部心血著作《救荒本草》也高调问世。这部书分四大门类，其中二百七十六种植物，都是前人未曾介绍的。

《救荒本草》的价值，对于当时大明国情，更是重如千钧。大明开国多饥荒，大事就是救荒，可古代交通条件，哪怕快速行动，运输总需要时间，灾区地方自救很重要，怎样用现有植物救荒就是重中之重。这可是个有风险的事，一旦误食了有毒植物,可就是大麻烦。

这个大麻烦朱橚解决了。《救荒本草》仔细介绍了每一种植物的性能分类,归纳了靠谱的植物,有生动的图案说明,还针对一些有毒植物提供了消毒方法,比如独创了用细土和有毒植物一起浸泡后再淘洗的办法,这种方法后来变成西方近代植物学的重要名词——吸附分离法。

这部独创的书,意义不止奠定一个宝典,更给后来的中医学者提供了方向,很多中医里价廉的好药,都是以《救荒本草》为蓝本,继续深钻出来的。到了近代史上,这部宝典风靡西方世界,美国人的《科学史导论》一语定性:中世纪最卓越的本草学著作!

如果说药剂学和本草学是医学的两根柱子,那么昔日才子朱橚就变身成了勤恳泥瓦匠,一砖一瓦,全给中医垒结实了。

完成这一重大贡献的朱橚,晚年继续做悠闲王爷,其间也曾再遭诬陷,还好朱橚已经变得十分谨慎,又主动找永乐帝谢罪,总算逃过一劫,直到洪熙元年(1425)过世,享年六十四岁。

这位在医学领域书写历史的王爷,身后也曾被热议,《万历野获编》里就有说法:朱橚其实一直很想当皇帝,特别是亲哥哥朱棣登基后,一直做梦想当皇太弟,被朱棣知道后一顿教育,这才变老实了。

这个说法有没有道理?其实参考下朱橚的《袖珍方》里那句自述的序言就知道:吾尝三复思之,唯为善迹,有益于世,千载不磨。权力荣耀,只是喧嚣一时。只有行善这个伟大的事业。才能辉煌永远,他这样说了,也这样做了。

明宣宗：爱斗蛐蛐的一代明君

在清代人对明朝皇帝的评价里，明宣宗朱瞻基，是好评不少的一位。

比如清朝人编修的《明史》里，就把他的"仁宣之治"看作明代历史的黄金时代。而在明朝年间，哪怕到了思想空前活跃，骂皇帝成风的明朝中晚期，对于明宣宗的好评，依然一抓一把。特别是晚明的许多学者，更把他看作明君的典范，并期待明末的皇帝们能够效仿。

当然，到了民间野史里，对于这位明君的话题也非常多，一个"污点"也被挖出——斗蛐蛐。甚至在很多野史故事里，明宣宗成了沉迷斗蛐蛐的昏聩帝王。

顶着"蟋蟀天子"名号的明宣宗朱瞻基，是一个虽然犯下了严重挖坑错误，却奠定了明朝盛世江山的优秀政治家。

在讲他的优秀之处前，先得讲清楚他脑袋上的一个污名：蟋蟀天子。在明清的许多史料里，明宣宗玩蟋蟀的爱好造成了恶劣影响。明朝人沈德符《万历野获编》里，就绘声绘色讲过明宣宗命大臣况钟去江南强征上千只蟋蟀的"恶政"。到了明清之交的野史《明朝小史》里，则衍生出了为征用蟋蟀闹出人命的悲惨故事。蒲松龄的小说《促织》，把这类为征蟋蟀害死人的恶劣桥段加工到无比虐心，在清初广泛流传。

可这类故事真实性如何？明宣宗喜欢斗蟋蟀不假，就连宣德年间流传下来的瓷器里，都有独特蟋蟀图案的珍品，可见确实是大爱。但有没有闹到民不聊生的地步？记载内容最悲惨的《明朝小史》，距离明宣宗在位时已隔了三百多年，蒲松龄的《促织》更是百分百小说。一个直观的证据是，在各类笔记里为明宣宗强征蟋蟀的况钟却是中国古代史上出名的清官能臣，至今深受当地民众的怀念。都闹得"民不聊生"了，竟还流芳千古？

所以可以确认的是，明宣宗这个日常生活爱好，被后人特别是改朝换代后的清代笔记人为地夸大了。

比起这类被夸张的恶名，历史上真实的明宣宗朱瞻基，同样有一些足以羞煞后世许多帝王的"小事"，比如微服私访。

微服私访这件低调事，古代很多帝王都喜欢尝试，但其中绝大多数人，尝试的后果都是鸡飞狗跳，明宣宗却是真正地低调。他曾经在祭陵典礼后回宫的路上，特意身穿便装体察民情，跟沿途耕地的老农聊家常，听老农抱怨生活的艰辛和劳役的繁重，默默回宫后就立刻火速办公，出台各种惠民政策。这么一件后世某些帝王经常劳民伤财且常编成野史海吹的事，他只当做了解民情的窗口。

如这段低调却堪称伟大的微服私访一样，在他执政的时代，务实一直是他的主要风格。当然也因为这个风格，他在另一个领域给未来的大明朝包括他的宝贝儿子挖了国防问题的大坑。

虽说明宣宗的少年时代是跟在"马上皇帝"永乐大帝的身边，且亲自抄家伙和瓦剌铁骑血拼过，但登上皇位后的明宣宗，却十分爱好和平。他尤其崇拜战国名将李牧，还经常要求边关将领们学习李牧，不要为求边功乱开战。结果他在位时代，明朝边防一缩再缩，保守的国防战略终于给瓦剌崛起打开方便之门，还把宝贝儿子明英宗坑成了俘虏。

如果说拙劣的国防眼光是明宣宗执政年代的败笔，那么在更多方面他留给明王朝的却是闪耀历史的执政妙笔。

尤其影响明朝三百年的，是他开明的执政风格。不同于明太祖朱元璋立国时的高压政策，明宣宗大量废除严刑峻法，鼓励朝臣们广开言路。明朝的思想文化，也在他宽松的执政理念下蓬勃发展。轻徭薄赋是他十年来一直坚持的政策，他曾多次下诏书减免灾年的赋税并安排赈济。其仁政效果之好，恰如清朝人的服气评语：民气渐舒，蒸然有治平之相。

但千万别以为这位明宣宗是个烂好人。一直坚持"仁政"的明宣宗，对于惩治贪污腐败从不放松。但比起明太祖动辄杀一片的大手笔，明宣宗却更重监察作用。他执政后反贪的第一刀，就先砍向有监察大权的都察院，法办了恶名昭著的都察院左都御史刘观，并大刀阔斧改革，确立了都察院与吏部互相监督的原则。从此明朝的监察体制战斗力更强。

比起之前永乐皇帝朱棣几乎乾纲独断的模式，明宣宗对明朝历史影响最深的正是这种管理体制的改革：建立明王朝分权制衡的行政模式。曾经只是永乐皇帝身边小秘书的"内阁"，在明宣宗的苦心改革下提高了事权，内阁"票拟"的话语权从此开始。正是这全新的内阁模式，确保明王朝的国家机器有了更好的纠错与运转保障。哪怕摊上甩手掌柜似的懒皇帝，这套科学的行政体系依然可以保证国家的稳定。

就这个管理创意来说，在明朝三百年政治史上，明宣宗的地位就不在朱元璋、朱棣等强力帝王之下。

正是这一全新政治运转监察平台，使明宣宗强大的用人能力大展身手。他用人不疑的精神，确保明朝完成了多项重大改革，特别是江南赋税改革。这个明太祖朱元璋时代的赋税大坑，到了明宣宗时已经举步维艰。但面对祖制的压力，明宣宗却力挺了能臣周忱，在不违背"祖制"的口号下推广了平米法改革，大明的国库这才盆满钵满。正是这强大的国力基石，才叫明朝挺过了多年后的土木堡国难。

在明宣宗这十年的呕心沥血下，大明王朝的综合国力蒸蒸日上。不单是粮棉储备丰厚，强大的手工业也是发展迅猛，以苏州为核心的江南纺织业在明宣宗时期火热发展。冶炼业以"宣德炉"为代表，瓷器业以"宣德款"为代表，工艺规模更是突飞猛进。中国古代手工业的几个标志技术几乎都云集于这一时代。如此治国成就，不负"明君"称号。

第二章 懈怠衰退

周忱：造就明朝盛世的"糊涂官"

若论老百姓最恨的官，除了贪官，那就要属糊涂官了，比如办事糊涂的、断案昏聩的，在任时自然挨骂，哪怕身后百年，也要被人编成戏文骂。

比如戏曲名段《十五贯》里，就有这么一位糊涂官：巡抚周忱，此人做事昏庸，外加刚愎自用，戏台上差点儿错杀了好人。其荒唐形象，也叫一代代戏迷印象深刻。但对照历史，必须承认这周大人是被冤枉了。

放在周忱所在的年代里，这位大明巡抚完全当得起另一个称号——明代第一经济强人。

一、锦绣前程

周忱，字恂如，江西吉水人，洪武十四年生，永乐二年也就是二十三岁时中进士，入选庶吉士。

有了庶吉士身份，就是有了升官的护身符，老实着点儿熬资历就能提拔，荣华富贵的生活指日可待。

但对面前这成功人生，年纪轻轻的周忱却有一个让旁人惊呆的态度——我不满意!

自从入仕后,周忱的表现就格外积极,工作认真干,建言国事更积极。可是有些事真不是积极就行的,比如不久后永乐皇帝朱棣设文渊阁,要选二十八个庶吉士,撒网似的考核一番,倒把卖力表现的周忱给刷下来了。谁知极度不满意的周忱竟立刻上了封奏折抗议——我要入文渊阁!

这件事在当时一下成了爆炸新闻,永乐皇帝朱棣何许人?明代著名的铁腕帝王,又是打完靖难之役没几年的时候,正是谁找碴儿他就恶治谁的霸道年月。上这么封奏折,岂止胆大包天?简直是用生命来求升官!

正当大家议论纷纷,以为一出人间惨剧就要降临时,更奇怪的事情发生了:看了这封抗议奏折后,脾气不好的朱棣非但没生气,反而十分高兴——好青年!破例!入阁!

惊愕的大臣们忍不住看看周忱的奏折,竟也不惊愕了:周忱用质朴的文字,诉说自己的人生追求——不为升官发财,只恨学问不够,唯愿能抓住一切机会,学习经世济民的本领。有些老臣,比如卖身投靠朱棣的大臣胡广更私下吐槽:如今年轻人搏出位拍马屁的本事,我们算赶不上喽。

但永乐皇帝朱棣并不这么看,在这位造就盛世的帝王眼中,分明看到的是一个热血年轻人的纯真理想。事实证明,他没有看错。

自此之后,菜鸟周忱的人生迅速火热起来,文渊阁学成之后,陆续在刑部和越府做过多个工作,每样都业绩非凡,三年一次的考核中,更是次次名列前茅。可就这么火热了二十年,永乐皇帝朱棣早已作古,在位皇帝已是明宣宗朱瞻基,当年一道位列庶吉士的同僚个个身居高位,唯独周忱从热血青年变成热血中老年,官位还是原地踏步。

只因一个人的压制——户部尚书夏元吉!

作为永乐年间举足轻重的人物,夏元吉的能力脾气都是出了名的。勤俭持家管理财务，苦撑起了永乐盛世各种业绩，人品号称"古之遗爱"，出名的两袖清风，以至于有一次倒霉获罪抄家，却只抄出些破烂家当，把气头上的永乐皇帝朱棣都感动得掉下了眼泪。如此长期感动大明的人物，除了几十年如一日地为国尽忠，更二十年如一日干一件"坏事"——祸害周忱的仕途！

只要周忱有不错的升迁机会，他老人家必然斜刺里杀出，横插一杠，想方设法也要把事情搅黄。每次理由都是一句话：这个官位太普通，根本无法发挥周忱的才干！

旁人看不下去，甚至还有言官义愤填膺地骂过，但当事人周忱却不怪罪，哪怕是杂活，也干得兢兢业业，人前人后，没说过半句抱怨的话。

因为周忱知道，这位一直搅和自己的夏元吉，是一直耐心栽培自己的恩师，自从破例入文渊阁后，他就对自己关照有加，更将平生所学倾囊相授。他来搅和，必然有他的道理。

夏元吉确实有道理，他眼里的周忱是难得一见的一块好钢，单论经济才能，可称大明开国后的第一奇才。周忱就像一把名贵宝剑，总要经过千锤百炼。二十年无情的压制，其实也是"铸剑"。

因为他知道，有一颗大明开国后预埋的哑弹，一旦爆炸起来，势必江山崩裂。他日能排这险的，唯独周忱这把利剑！

二、临危受命

宣德五年正月，生命已到尽头的夏元吉，终于在宣德皇帝朱瞻基面前，为周忱做出了一个重要的举荐——江南巡抚。

因为这位老臣一辈子忧心的哑弹，已经濒临爆炸边缘，即江南赋税问题。

这件事往根子上说，就是明太祖朱元璋挖的坑，当年因愤恨江南百姓支持死敌张士诚，一怒之下就给江南加重税，满以为既来钱又出气，谁知不到六十年，就叫后世皇帝急抓狂：重税成了大漏洞，非但收不上钱，反而加速了土地兼并，世豪大户一面巧立名目逃税，一面乾坤大挪移把重税转给老百姓，再借机兼并土地。富庶的江南大地，成了欠税如山的重灾区，许多地方不但土地流失，而且百姓纷纷逃荒。比如出名富庶的常州，能收税的土地竟然缩了九成。

这样一闹，大明王朝立刻成了断血的病人，国力十分虚弱。明宣宗登基早期，连六部官员的工资都经常拖欠，闹灾赈济之类的事，更是费力地拆东墙补西墙，数十万将士浴血打下的交趾，也因没钱维持，咬牙忍痛放弃了。但最大危机还不是这个：有钱的不交税，没钱的交崩溃，这样恶性循环下去，天下大乱只是时间问题。

于是明宣宗也下定决心：改！可派谁改？无论老臣夏元吉，还是内阁辅臣杨士奇，各位重臣态度都一致：周忱这把宝剑，该派上用场了！

五十岁的周忱，就这样一步登天：工部右侍郎巡抚江南总督税粮。作为明朝开国以后权力最大的地方官，风风光光赴任去了。

一路之上，场面十分震撼，引得沿途不少百姓围观羡慕，但从出京到抵达，周忱的脸上就没半点儿笑模样。他知道自己这次接的是个怎样的担子，既要整顿江南经济，追讨拖欠税粮，还要稳定地方不能出乱子。多少个艰难关口，等着自己去冲！

他更知道，自己最大的敌人，并不是这个历史遗留问题，而是一群既得利益者：江南的土豪大户，以及与之勾搭连环的朝廷各路大臣。自己这边势单力孤，以前唯一当靠山的夏元吉也已溘然长逝。接下来倘一个不留神，这群人一人一口唾沫，足够把自己淹死！

经过一路的思考，等到了任地，周忱却笑逐颜开。他已经找到了问题的症结，那就是朝廷的江南重税制度不合理。只要朝廷能适当减免，自己就有把握救活江南经济。于是高效的周忱立刻写好奏折送进北京。他兴冲冲地以为，这样既给朝廷收买人心，还不得罪人，轻松就能解决问题。

谁知接下来却是当头一棒：重税是朱元璋的祖制，属于碰不得的高压线，而土豪和大小官员，就靠此巧立名目盘剥百姓，过着天堂般幸福的日子，现在周忱动这"天堂"，还不被戳脊梁？

于是暴雨雷霆般的攻势连番炸过来。户部尚书胡濙气急败坏，竟要以"擅动成法"的罪法办周忱，幸亏内阁大学士杨士奇维护，这才逃过一劫，但是减税？做梦！

遭了一顿申斥的周忱祸不单行，这年江南又闹灾，大片庄稼歉收，非但税追不上来，还得吃朝廷救急。巡抚的位置还没坐热，就闹了这么个灰头土脸。连江南老百姓都给他起了个绰号——周白地，您一来，我们就揭不开锅了。

如此严酷现实，周忱却出人意料地心态好，被吐槽了更不着急，反而大大方方回应：今年叫我周白地，明年我让家家谷铺地！

哪怕抬腿摔一跟头，哪怕被捆了手脚般的处处掣肘，他依然信心十足，要造就一个国泰民安的江南！

三、厉行改革

周忱首先做的事是拉帮手——苏州知府况钟。

这位小吏出身的知府，学历低脾气臭，却是有大能耐，懂官场黑幕，而且刚正不阿，由于脾气太臭，之前气翻过不少领导。但俩人接触没多久，况钟就彻底服了，从此人前人后，对周忱毕恭毕敬。这以后的好多年里，况知府刚正不阿，流下不少惩恶扬善的光辉事迹，更成了和包公齐名的"青天"。其实说到底，都是打怪况钟去，黑锅周忱背，长期配合默契。

之所以心甘情愿配合默契,以况钟自己话说,周忱简直是个算无遗策的神人,利国利民的好事,件件都筹算精确,所以跟他走准没错!

最能见证周忱这样神奇能耐的,正是周忱接下来放出的大招:平米法!

平米法,也就是巧妙调整税收项目,税收中的运输费耗米,改成谁有钱谁多交,休想再分摊给百姓,于是同样一笔税收,以前是苦老百姓买单,这下却变成了有钱人买单!

平米法实行的第一年,周忱发挥了数学特长,把历年这类大户欠朝廷的钱都给算在里头,欠大明的钱,这下你要还!

可这传说中的大招,刚一亮出,就引来从中央到地方的一片嘲笑。老对头胡濙就吐槽说,周忱这是自触霉头,相信过不了一年,就要卷铺盖走人。

江南大户们盘根错节,哪里有这么好对付,就连各级中下层官吏,都和这些人沆瀣一气,你的政策再好,也得指望他们办,又不是朱元璋动不动杀几万人的特殊年代了,他们不给办,看你怎么办?

谁知办下来没多久,让大户们崩溃的现象发生了:江南各级官员们热火朝天,认真落实推广平米法,且个个摇身变成了包青天,六亲不认,急了还连催带打,竟真的积极地推行了起来。这……说好的抱团抵制呢?

其实官员们也有苦衷,一是狠人况钟坐镇当表率,只能跟着闯;二是周忱连细节都做到了,收粮的铁斛都换成自己设计的新款,实在不好糊弄,最重要的是,他竟捏住了大家的饭碗。

过去江南官吏领俸禄,都是拿着俸帖去南京领,这下周忱改了,直接改由当地官田支取。美其名曰减少折腾,保证大家及时拿工资,潜台词却丰富:认真完成任务,就有工资拿,否则你懂的!

官员们为了工资,只能咬牙撕破脸,可顺利推广下去,却是笑逐颜开:以前拿俸帖去南京领,路远又折腾,俸禄还被人层层克扣,这下改成平米法,只要任务完成，管保拿到的都是货真价实的禄米，以后不用收大户黑钱，都能既做好官又过好日子！先前的撕破脸苦着干，立刻变成热情高涨卖力干，而更叫官吏们印象深刻的，却是周巡抚的脾气。

明朝官员做到巡抚级别的都比较会摆谱，但周忱却是个绝对例外，平日没事就喜欢逛田间地头，拉住农民聊家常，十分亲民受欢迎。对待身旁官吏，他也从来都和蔼可亲，谁家有困难也别想瞒过他，还常自掏腰包帮人解决，每年都要感动大家几次，甚至还有了这样的说法：周忱对待属下官员，就像父亲对儿子一样。

千万别以为这位"父亲"好糊弄。有一次有差役谎报军情，说运粮船在路上翻了，打算私吞税粮，谁知却被周忱不瘟不火地揭穿：你说的出事地点，那天根本就没风，怎么能翻船？就连天气水文他都了如指掌。

就是在这样的巧妙拿捏中，传说中盘根错节水极深的江南官场，被周忱变成了相亲相爱的一家人，业绩更是滚雪球般上涨：上任第三年，就完美追回了江南地区之前二十年的欠税，之后每年的江南税粮都再无拖欠，大明朝的国库这才重新充实起来！

更红火的是江南本地的经济，由于周忱计算精确，每年收完耗米后，都能盈余不少。这些多出的钱粮，除了用来备荒赈济，还拿来放贷，外加草民百姓税摊得少，手里闲钱也多，江南的城镇经济一下红火起来。

当然最肉疼的，还是以前吃够甜头的土豪们，周忱的业绩越辉煌，就说明割这些人的肉越狠。于是这些人几十年如一日，收买朝中言官，各种恶毒弹劾。自从平米法推行，北京城里对周忱的谩骂一天都没停过！

但当一个人成为周忱粉丝后，周忱的改革事业一下子如日中天，这个人是权阉王振。

凭着敏锐眼光和灵活手腕，早在王振发迹前，周忱就和他搭上线，还帮他完成过江南采办任务。等到王振大权在手，周忱也准时送上大礼。周忱及时送来的钱粮，确保王振打赢了他专权后麓川大战。这番卖力忙活，终于让王振交口称赞：周巡抚，高人！

自此以后，王振成为周忱改革事业中最强有力的支持者。以至于有段日子，谁敢骂周忱，王振就叫他生不如死。许多批王振的后世学者也认定，对周忱的支持，是王振罄竹难书的人生里难得的亮点。

这特殊关系，也让周忱受了不少责难，以往的一些老友甚至亲自栽培的学生，都与他分道扬镳。在江南一些大户的鼓噪下，更流传了他不少谣言，有说他生活腐化的，也有说他老迈昏聩的，以至于流传到清朝，还被写进昆曲。

但是当正统十四年那场惊天动地的"土木堡事变"爆发后，周忱却再次用行动证明了他铁骨铮铮的忠诚：第一时间送来了江南存粮，给大败后的京城补了血，接着一个热心主意，把身负保卫北京职责的于谦都惊到了。

当时北京通州地区还有大批存粮，留着可能会被敌人瓦剌抢，烧了可惜，运走又人手不够，急得于谦直跳脚，周忱却轻描淡写一句话解决问题——入京勤王的部队，全都改道从通州入京，每个士兵路过时都顺手扛袋粮。这批救命药般的粮食，就这样火速抢运完成。

同样在这场悲壮的大战前，周忱咬紧牙关，在江南加收耗米，让地方豪族们有钱出钱，给这场事关国运的大事买单。这场大战的胜利，他是实实在在的幕后英雄。

二十年如一日，埋头干活不辩解不生气，笑容可掬地团结工作，这位大明最牛巡抚，就这样撑起了江山的一角！

四、人去政息

随着北京保卫战的胜利，景泰皇帝朱祁钰皇位稳固，一度面临灭顶之灾的大明朝，上上下下都松了一口气。

但精明的周忱却知道，属于他的灭顶之灾，恐怕立刻就要到来：二十年厉行改革，早为自己拉足了仇恨，王振的垮台也让自己最大的靠山倒掉了。接下来的清算，将会源源不断。

果然从景泰二年起，各种骂周忱的奏折又连篇不绝。有告他贪污腐败的，也有说他滥用民力的，罪名五花八门。幸亏周忱早有准备，一一轻松化解。

但比起个人遭遇来，周忱最忧心的还不是这个，自从景泰皇帝登基后，一向闷头干活的他，突然连篇的奏折往京城送，说自己极少，说江南经济的极多，反复表达一个观点：我个人的荣辱怎么样都行，但耗尽半生心血的平米法，却是万万动不得。

然而事情的结局却恰恰相反。周忱虽说受到攻击，但总算平安退休，落得安享晚年。参考下当时的政治风气，全身而退很不容易。

可最意想不到的事发生了。皇位稳固的景泰帝，竟做出了一个最骇人听闻的决定，把周忱费尽二十年苦心积攒的江南粮储，一颗不留全拉到了京城。昔日大杀四方的平米法，也被强力叫停。

如此推倒重来，一年后就遇到了恶果：江南遭遇大灾，官府竟无钱赈济，以至于各地饿殍遍野，乡间十室九空。这场十五世纪江南民生最大的惨剧，可以说是人祸。

七十四岁的周忱已无力回天，按照明朝一些文人笔记的记录，得悉江南大灾的他，痛哭流涕到呕血数升，甚至熬夜挑灯上奏疾呼，可满腔的忠诚，在冰冷的景泰皇帝面前都石沉大海。一年之后，怀着念念不忘的治国梦想，周忱溘然长逝，谥号文襄。

三件奇葩事，预言了大明土木堡之变

明代战争史上，败得最出乎意料的一仗，当属正统十四年（1449）的土木堡惨败：正值盛世的大明王朝，明英宗朱祁镇亲自统率的数十万大军，云集曹鼐、张辅等能臣良将，却被数万瓦剌铁骑揍得稀里哗啦，最后在土木堡任人宰杀，数十万大军全军覆没，连天子明英宗也沦为俘虏。如此意外之耻，明代的有识之士们也常常捶胸顿足，连呼想不到。

那么问题来了，看似强大的明王朝，遭遇"土木堡惨案"是否意外？下面几桩发生在土木堡惨案之前的奇葩事，就能给出更客观的答案。

一、两支后悔药

瓦剌犯边后，明英宗朱祁镇为何会做出"御驾亲征"的愚蠢决定？直接的原因，就是这位"军事票友"对瓦剌的虚实两眼一抹黑。不知他在土木堡沦为俘虏时，是否想起过：瓦剌的巨大威胁早就有人提醒过他。

早在土木堡惨案爆发近两年前，即正统十二年十一月，瓦剌大将阿尔脱台冒死投奔明朝。阿尔脱台将军曾跟随瓦剌太师也先南征北战，堪称天赐明朝的"活宝贝"。

这位"活宝贝"归附明朝后十分实诚，张嘴就把瓦剌的军事实力和盘托出，还告知了重大机密：也先早就盘算对明朝发动大规模进攻，可鞑靼可汗脱脱不花不同意，两人面和心不和，明争暗斗多年。如此重大情报，明英宗看过后却全然无感，摆摆手扔到了一边。

直到明军在土木堡被虐惨，明英宗朱祁镇沦为俘虏，这份沉睡近两年的情报才引起了明王朝高度重视。后来的北京保卫战胜利，以及大臣杨善去瓦剌捞回明英宗，全靠这份情报立大功。明英宗当初若多重视一点儿，或许就不会有被俘之祸。不过，比起明朝大臣刘球来，阿尔脱台还是幸运的。早在明朝正统八年六月，这位深谋远虑的明朝大臣就从瓦剌使团的入贡采购等细节上瞧出端倪，判定明朝与瓦剌之间必有一场惊天大战。谁知这封眼光精准的奏折送上后就惹怒了明英宗。忠心耿耿的刘球被投入锦衣卫大狱，凄然死于狱中。就凭这昏聩的眼光，"军事发烧友"朱祁镇不被俘受受教育，真心说不过去。

二、太监卖军火

从土木堡惨案前也先犯边起，到后来浴血厮杀的北京保卫战，瓦剌的作战表现令明军连呼不适应：以弓强马快著称的瓦剌大军，竟然也用上高科技的火器了！瓦剌犯边后，也先大军对明朝边地卫所的进攻中，就多次以铜火铳开路，后来大举进攻北京，更以凶悍火器猛轰紫荆关等要地。瓦剌大军什么时候有了这"高科技"加持？

早在正统六年时，明朝大同巡抚罗亨信就愤怒揭发已经冒头的武器走私：每次瓦剌使者到了京城后，京城的驻军就偷偷把手里兵器卖给瓦剌换钱，发展到正统十一年时，已形成了强大产业链：从京城到边镇，都有了"交易黑市"；每次瓦剌使者从京城返程时，各大黑市早已虚席以待，连火器工匠们都抛头露面，把大批精良火器一字排开，大摇大摆跟瓦剌使者们讨价还价，赚得盆满钵满。

土木堡惨案前的那几年，瓦剌使团每次来明朝入贡，就是这样走一路买一路，甚至连瓦剌使团随身带的酒坛子里都塞满了买来的明朝箭镞火药甲片。大批明朝精良武器，八年如一日流入瓦剌。在土木堡活捉明英宗的瓦剌精骑，就是这么武装出来的。

借着这火爆买卖，处心积虑的瓦剌太师也先早已在明朝内部密布情报网，明朝边塞要地，全有瓦剌奸细活动，以至于开战以后，明朝大军的每一步动向，瓦剌都能及时得知，这才有了明英宗在土木堡被瓦剌包饺子的囧事。

如此严重案情，明英宗真一无所知？其实他不但知道，而且年年下达严令，甚至还下令锦衣卫集合人马，从居庸关一路到宣府、大同严查。但查完之后，边境的武器走私更是火爆，因为这火热买卖的幕后大黑手就是明英宗最宠信的大太监王振。自从掌握大权后，王振发财的瘾头就更浓了，需求旺盛的武器走私令他借机狠捞。他派到各地边镇的监军太监们更是掌握了当地的走私买卖。那些交易火热的"黑市"，几乎每一笔买卖都有镇守太监们分红。王振的亲信、大同镇守太监郭敬，就是边地走私的出名"大户"。以至于"恃王振庇之，故上（明英宗）不知之，知亦不问也"。

以这个意义说，明英宗是被这些发走私财的太监"卖"到瓦剌去的。

三、明军穿水货

当瓦剌使者在明朝"武器黑市"上拼命买买买时，明军的装备水平又如何呢？

早在正统二年时，明朝陕西副都御使陈镒，就给明英宗算过经济账：陕西边地的屯堡士兵，每个人身上的盔甲该用四十斤铁来打造，打造完刨去消耗，该重二十斤，实际却只重八九斤。中间偷工减料的费用，全被各级官员层层扒皮贪占了。可怜身处抗击瓦剌前线的明军士兵，就穿着这种"水货"盔甲作战。边军如此，那么代表明军最高战力水准的神机营呢？正统四年时，明朝军器局一次发给神机营武器盔甲六万四千多件，结果士兵们大呼"多不如法"，也就是一大半都是残次品。曾经跟随明成祖横扫漠北的京军三大营，在明英宗年间，一度缺马都到了近三万匹。储存在明朝东西广备库里的明军衣袜，明英宗有次心血来潮查了查，结果一查吓一跳：短窄纰薄不堪用者十三四万——十多万件军衣不合格。也就是说，土木堡大战前的明军，哪怕是最精锐的部队，能够穿上靠谱军衣盔甲，拿着靠谱武器作战，都算是奢求。更何况也先犯边前，明军三大营装备靠谱的精兵，大多已调到西南东南，平定麓川之乱与邓茂七之乱。出征土木堡的几十万明军，其实是不靠谱的空架子。

换句话说，土木堡之战，就是拿着劣质装备的明军，与拥有精良明朝盔甲装备的瓦剌精锐在作战，惨案看似意外，其实却没悬念。令明朝蒙受奇耻大辱的，不只是明英宗昏聩的决定，更有已越演越烈的腐败。

土木堡惨案后，于谦等力挽狂澜的明朝名臣们做的另一件大事，就是整顿明朝军备：北方大批瓦剌奸细被处决，军队的装备武器陆续更新，这才有了十五世纪下半叶一度痛击鞑靼的明朝边军。土木堡的惨祸，确实也催生了明朝边军的重整旗鼓，只是代价太过惨重！

明英宗被瓦剌放回，真靠了"人格魅力"吗？

作为一个酿就土木堡惨案的帝王，明英宗朱祁镇在后世也是受尽了诟病，但几百年后，不知不觉间，另一个声音也深入人心：这明英宗虽说治国不咋地，但人家有人格魅力啊。

关于他的"人格魅力",多年以后贴金的声音极多,甚至还有"明英宗是好人"的说法。也就是说,这个沦为战俘的皇帝,有很高的人格修养,让敌人也为之折服。事实真是这样吗?

那就要先说说,他的"人格魅力"是怎么回事。

所谓"人格魅力",是指明英宗朱祁镇沦为俘虏后,在瓦剌一方受到隆重礼遇的热闹场面。

作为一位极品昏君,沦为俘虏的明英宗朱祁镇,确实在瓦剌享受了不少优待。

甚至还有瓦剌各头领向明英宗"稽首行君臣礼"的场面,就连瓦剌首领也先的亲弟弟伯颜都对明英宗敬重有加,一路送到野狐岭才洒泪惜别。

如此"好人缘",也叫许多后人极力赞誉明英宗的"人格魅力"。但细看历史就知道,无论这其中有多少人格魅力,首先都得靠边站!

因为最重要的原因简单却振聋发聩:战俘明英宗的背后,是一个强大且铁骨铮铮的大明朝。

为何如此说?可以先瞧瞧明英宗刚沦为战俘时的情景,受了不少礼遇倒不假,但接着就被也先挟裹着,在明朝边境各堡垒外,挨家挨户喊开门,就好比一个被绑匪吓得六神无主、慌不迭喊话求救的"肉票"。这个时候的明英宗根本没想过,此时关乎的已不是他个人的安危,而是大明朝北部边疆的国防安全,成千上万百姓的身家性命。

"人格魅力"背后,是他的自私。

这位"好人缘"的战俘皇帝明英宗,接下来更乖乖由着瓦剌的性子,被瓦剌带到北京城外,配合着瓦剌朝北京城里喊话,求着军民们送钱开门,却半点儿没有想过,一旦北京沦陷,大明江山怎么办?满城百姓怎么办?

这样一个"肉票",在当时瓦剌军中,又有什么尊严可言?就是在明朝军民万众一心痛击瓦剌铁骑的北京保卫战后，被溃败瓦剌军挟持的明英宗，也是吃够了苦头：逃跑的路上又遇到暴雪，饿了只能吃一口马肉干。

直到被折腾得一病不起，才由伯颜帖木儿送来一辆勒勒车，好一通护理他才捡回一条命。在此时瓦剌军将眼中，这位大明天子就是个可以用来敲竹杠的人质。好人缘？那是笑话！

所以那段时日，"好人缘"的明英宗一度也过得十分艰难：被挟裹着四处跑，天冷时连被子都没有，只能和随从袁彬相依取暖。

在袁彬的记载里，北京保卫战结束后，艰难回到瓦剌地界的也先，对明英宗的态度却渐渐变了：每五天就会送来一只羊，每七天送来一只牛，还经常有歌舞饮宴，宴席上对明英宗也越发恭敬。明英宗与瓦剌许多将领的私人友谊基本结在这时。难道真是明英宗的"个人魅力"起作用了？

参考一下历史就知道，直接教育了也先等瓦剌众将的就是先前那场出乎意料的北京保卫战。满以为尽灭明朝精锐甚至喊出"光复元朝"口号的也先，在北京城下见到的已不是土木堡明军崩溃的乱象，而是良臣于谦铁腕整顿下明军精神焕发的铁血表现。

从大明内地飞奔而来，甚至稀缺实战经验的二十万内地兵，个个咬牙血拼到最后。石亨等在土木堡惊魂逃出来的明军败将们，更是瞬间爆发战力。就连理论上该是待宰羔羊的京城百姓，竟也自发手持砖瓦上阵，万众一心血战瓦剌铁骑……

这一番带着"肉票"明英宗兴冲冲来却被揍得灰头土脸逃回的悲催战果，告诉了也先一个血淋淋的事实：别看大明朝在明英宗的作死指挥下吃了次亏，但要战胜这样一个铁血强硬的王朝，你没戏！

明王朝紧接着的行动更是连环补刀：于谦重新整顿后的大明国防，焕然一新变身铜墙铁壁，瓦剌接下来的几次入侵，全被打得灰溜溜败逃。郭登将军重新打造的边塞铁骑,在瓦剌最擅长的野战里以数百精骑吊打瓦剌数千精锐。土木堡后瓦剌大军好不容易树起的自信心理防线,被大明朝一拳拳砸得粉碎!

更何况明王朝的整军备战,以及毫不妥协的态度,叫打了胜仗的也先陷入更困难的境地:如果不能和明王朝修复关系,等待他自己乃至瓦剌的就是更加无助的绝路。所以,为了后路,必须对明英宗好一点儿!

正是这样的心态改变了明英宗在草原的处境,更促成了也先顺水推舟、借杨善出使的机会爽快放回了明英宗,就此完成了中国古代战争史上的空前奇迹:打了败仗沦为战俘的皇帝,还能全须全尾地被放回来。

这奇迹的诞生,绝非明英宗的人格魅力,而是因为景泰皇帝乃至大明朝的文武臣工诸如于谦、郭登等英雄们从未退缩的强硬风骨。更因为前线将士们面对瓦剌铁骑毫无惧色、可歌可泣的浴血奋战。明王朝是以自己的强硬表现捍卫了尊严,救赎了明英宗终老草原的命运。

夺门之变后,明英宗变成了怎样的人?

虽说明英宗颇具"人格魅力"是个伪命题,但是他的治国能力,还是值得说一说。

"土木堡之变"向来有个大帽子,被看作"明朝由盛转衰"的转折点。这个历史责任，明英宗是不是担得起？虽说明朝战场上的损失是血淋淋的，但事实证明，明王朝的国力并没有遭到致命打击。

通过"夺门之变"重新登基的明英宗，证明了另一件事，夺回皇位的他，也想用事实证明自己能够做一个好皇帝。

比起史料里对明英宗的扑天骂声，相对被忽略的是这件事：再度复辟之后，昔日的昏君明英宗，难道继续做了昏君？

到底昏不昏，下面几件事应该就是答案。

一、勤政故事

在土木堡之变前，明英宗朱祁镇一个曾被诟病的毛病，就是荒废朝政。由于宠信宦官王振，明英宗当时花在朝政上的精力确实不多，他十分贪玩，以至于最终在王振撺掇下，发生了土木堡惨案。二度登上皇位后，明英宗最大的改变，正是这个。

昔日曾经沉溺玩乐的青年天子明英宗，在他的第二个执政时代，也就是"天顺"年间，以无比勤奋著称。每天早晨五更就起床，而且不顾多年囚徒生涯落下的严重足疾，坚持先去奉天殿行庙拜礼，然后批阅司礼监送来的奏章。在处理完早朝的事务后，又继续回宫忙碌，遇到疑难问题就命人送到内阁去讨论。哪怕国事不繁忙时，他也全无当年嬉戏玩闹的样子，一心一意忙读书。

如此勤劳程度，连他的亲信大臣李贤都看不过去了，生怕明英宗太过劳累影响健康，多次苦劝明英宗注意休息，没想到却劝出明英宗一声叹息："不然则便于安逸而怠荒至矣，虽悔何追。"

从这句话来看，明英宗在瓦剌吃的那些牢饭，总算是没白吃。

二、广开言路

明英宗朱祁镇复辟后,遇到最打脸的一件事就是"曹石之变"。当年罗织罪名陷害于谦并最终怂恿他杀害于谦的两位罪魁祸首——太监曹吉祥与大将石亨,在明朝天顺五年相继叛乱。特别是一直以乖奴才状示人的曹吉祥,更是獠牙尽露,悍然以叛军攻打皇宫,差点儿就把明英宗来个一窝端。事情平息之后,明英宗羞愤不已,特意召李贤来商量善后事务。

在这次会面时,聪明的李贤借机给明英宗下了剂猛药:皇上您想过没有,为什么会发生曹吉祥、石亨叛乱这种恶心事?关键就是言路阻塞啊。这些年来他们二人想方设法阻塞言路,打压一切敢有不同意见的大臣,让皇上您听不到正确的声音,这才导致皇上您招来大灾啊。所以想要避免悲剧,就得开放言论。

正在气头上的明英宗,听了之后连连称是,然后就有了明朝历史上一段载入史册的诏令:今后有当言者,须直言无隐。或不切,亦不加罪。后面这半句其实更关键——说错了,也不治你罪!

在整个明朝政治史上,这份不起眼的诏书是具有转折意义的一步。明朝的言官制度由明太祖朱元璋首创,表面上看言官可以直言无忌,但在明英宗二度复辟以前,言官这个群体的杀伤力度很小。拜明朝长期高压政治所赐,言官一旦说错话,后果通常非常严重。特别是明英宗的第一个执政年代,他宠信的宦官王振就是以擅长恶治言官著称。做直臣?之前的成本确实很大!

但是从此时开始,这个成本却低得多了,明朝言官面前的一个巨大障碍拜这个诏书所赐,从此彻底消除。明朝言官此后上书言事,即使出现重大错误,也基本能够贯彻言者无罪的原则。于是言官们这才火力全开。到了明英宗儿子明宪宗朱见深在位时,更是到了连皇帝都不放过的地步。后人眼里那胆大到令人瞠目结舌的明朝言官其实就是从这道命令开始,叫后世的明朝皇帝们吃尽"苦头"。

三、强力打勋贵

二度复辟的明英宗的另一个重要特点就是对臣下的野心,始终保有极大的警惕,连自己的亲戚——勋贵外戚家族,也是毫不放过。首先因此倒霉的是孙太后的哥哥孙绍宗。

对于太后的娘家孙氏家族,明英宗刚复辟的时候还是无比看重的,孙太后的大哥孙继宗还一度担任过五军营的提督。谁知作为明英宗大舅哥的孙继宗此后却十分离谱,刚当了提督就给门下四十三个人求官,居然连家奴也要做官。这下触了明英宗的霉头,第二年正月起就抓起了孙家的现行,逮住孙继宗的弟弟孙显宗强占民田的大罪,把二舅哥孙显宗戴上枷锁在北京游街示众一个月,捎带一个发给京城勋贵的命令:谁家有罪的,赶紧来朝廷自首,否则比这还难看!

事情发生后,孙继宗提督也是大惊,连滚带爬跑到明英宗处求辞官加求情,结果明英宗回答:求情不许,辞官也不许,老老实实给我带兵。就这么一顿吓唬,叫孙继宗从此老老实实办差,再也不敢多说话。轰轰烈烈的整顿勋贵运动在天顺年间陆续展开,大量外戚勋贵被办罪,为了脱罪只能把田产交给朝廷,然后明英宗顺水推舟,将这些田产分发给百姓耕种。正统年间起越演越烈的土地兼并恶风,终于得到遏制。

正是在追回大量土地的基础上,手里有钱的明英宗推出了另一个光耀千秋的仁政:优老之礼,从此国家七十岁以上的老人都享受米粮补贴。这个国家养老制度,也从此贯彻整个明代。明英宗治下的明朝因这些善政,终于得以艰难维持,即使清朝人在编修《明史》时,也认可了他晚年这个莫大的功劳:保泰持盈!

害死于谦的徐有贞，死后还救了大明一次？

在明英宗"夺门之变"的闹剧里，最招后世恨的人物就是徐有贞。

为何如此说？首先是夺门之变的性质问题。其实当时没有子嗣的景泰皇帝已经病危，作为"太上皇"的明英宗朱祁镇哪怕什么都不做，就安安静静地在南宫里熬时间，到时候也能凭着身份顺风顺水把权力拿回来，根本不用冒着生命危险闹政变。偏偏为图个人富贵的徐有贞上蹿下跳闹了一场，等于是拿着明英宗做赌注来赌自家的富贵前程。这其中的奥秘，后来大臣李贤也给明英宗分析了一番，把明英宗气得连呼上当。

更招恨的是，北京保卫战的大英雄于谦，虽然在"夺门之变"后身陷囹圄，起初的明英宗并不想处死于谦，但还是这个徐有贞给于谦扣上了"意欲"的大帽子，也就是于谦虽然没有谋反的证据，但他百分百有谋反的念头。如此无耻理由，不但把于谦送上死路，更堪比南宋秦桧害岳飞的"莫须有"一幕。

如此无耻小人本该和秦桧一样，找个地方一跪到底。但这徐有贞却还是有所不同。

比起除了弄权，治国一窍不通的祸国宰相秦桧来，徐有贞还是有些"专业优势"的。以能力和志向说，他也曾立志为国建功，更曾呕心沥血，为大明担当重任。甚至，科学界还给了他一个至高评价——明朝杰出水利学家。

他的人生，不是一句"奸臣"就能概括。

一、曾经有为好青年

徐有贞，原名徐珵，永乐五年（1407）出生于南京，从小就接受了严格教育，凭着家族良好人脉，他找到了好老师——明初学问大家胡俨。经过几年的悉心教导，徐珵的学业突飞猛进，二十六岁那年考取进士，还如愿进了翰林院。

少年得意的徐珵进了官场后，成了特立独行的才子。那个八股取士的年代里，读书人能读好四书五经就不错，特别是这些翰林，业余爱好也就是吟诗作对。可对这些学问，年少的徐珵统统瞧不上。

由于深受老师胡俨的影响，徐珵做学问，也是特别脚踏实地的类型，早年跟随老师读书时，各种科学类的"杂学"就学得特别精通，尤其是天文和数学，还练出了精通计算的本事。走了仕途之后，只要有条件，他就会拼命查阅各类科学典籍，于是成了大家眼里的异类。

这位异类很快就被明英宗都注意到了，三十五岁那年，也就是明朝正统七年，明朝正在西南清剿思氏家族叛乱，可徐珵却语出惊人：大明最大的边患，不在西南的部族，而是西北正装老实人的瓦剌。这个断言，参考后来的土木堡国难，十分精准。

徐珵还提出了五条提升边军战斗力的办法，比如招募边地精壮，建立军官考核制度，定期进行火器实战演练等。奏折送上去，明英宗觉得不实际，看完就搁一边了。但后来很多明朝军事牛人的评价说，何止讲得实际？就连明朝中后期战功卓著的戚继光，刚镇守北方时还专门把徐珵的这篇文章找出来认真研究学习。

这时的徐珵，在大明朝堂上，就是这样一副才华横溢且热爱国家的好青年形象，仿佛冉冉升起的新星，时不时就亮一下眼，官位也升到了翰林院侍讲，大好仕途就在眼前。可正统十四年（1449），著名的土木堡惨案爆发，叫他结结实实栽了大跟头。

二、好青年的堕落

土木堡惨案让年少气盛大喇喇带兵出击瓦剌的明英宗一下栽了大跟头。二十万大军全军覆没，明英宗本人被俘，北京暴露在瓦剌铁蹄下，眼看危在旦夕。

战败消息传到京城时，徐珵又亮了，早在明英宗大军出发时，他就高调宣称，此战必败。之后果然战败，许多人连连赞叹：这徐珵，真够厉害！

但就是在这次国难面前，长期才华横溢的徐珵却第一次暴露出大毛病：跑得快。

在明朝将士们出征时，他就先下手为强，把老婆孩子都送到苏州老家去。待到监国的郕王朱祁钰，即后来的景泰帝召集群臣议事，他又高调放出言论：北京城快完了，赶紧迁都吧。

当然对他这番论调，后人里同情的也不少，可看看当时局面就知道，京城固然危险，但还没有到生死绝路上，贸然迁都才是对国家最大的不负责。这个道理，深谙军事的徐珵不是不知道，但不迁都就要死战，就意味着与国家共存亡。在这份担当面前，他退缩了。

好在有名臣于谦站出来一顿怒斥，徐珵这个极度不负责任的建议才没被采纳。大明朝紧急动员，确认了保卫北京的战略，在于谦的主持下，明朝拼死一战，力挫瓦剌强敌，大明国运转危为安。

长期耀眼的徐珵因为这事丢人现眼了，特别是景泰皇帝，对他十分厌恶。不计前嫌的于谦，在景泰年间推荐徐珵出任国子监祭酒，被景泰皇帝当场否决掉：那么个喊着迁都的尿包，用什么！

更加痛苦的是舆论的压力，用徐珵的外孙，明朝大学问家祝枝山的话说，那一段日子，徐珵简直是无颜见人，甚至有时京城文人聊天都拿他当笑话。以至于为了避羞，也为了方便升迁，他把名字都改了，也就是我们熟悉的徐有贞。

如果说早年的徐珵还是个有理想的青年，那么经过这一番折腾，看过了世态炎凉的徐有贞，算是彻底变了：很多大臣，嘴里没说南迁，背地里干着和自己一样的事，自己不过是说出来，却落到这个下场？改个名字，也就改了做人方式：

你们可以不择手段，我也可以！

如果说之前他还是个有些毛病的能臣，那么从此刻起，他决定做奸臣。

三、遗臭万年

改了名后的徐有贞也有不少业绩，特别是景泰三年，受命在山东张秋地区治水，他像抓住一颗救命稻草一般，甩开膀子努力干，竟把这个困扰明朝十年的问题解决了。而且就在这次工程里，他展现出一个能臣的担当，告诉朝廷不要多派兵，不要多给经费，就用手里这点儿兵马钱粮，保证做好。事实证明他真做到了。

如此好成绩，也让徐有贞再次风光了，从来讨厌他的景泰帝在他回京后，亲自召见慰问，还把他升为左副都御使。这个时候，他又成了享誉京城的英雄。

可此时徐有贞的胃口哪里是一个左副都御使满足得了的？景泰八年正月，景泰帝病重，武清侯石亨和宦官曹吉祥等人心思也就动了，为图泼天富贵，打算重新拥立被软禁的明英宗。可事情怎么办？他们想到了徐有贞。

徐有贞毫不犹豫地答应了，他把这个政变当作自己升迁之路上的最大契机，进行了一系列严丝合缝的筹划：正月十六晚上，调兵进入长安门，趁着景泰帝病危，将明英宗从南宫里迎出来，在奉天殿登基。筹划此事的徐有贞，亲自主持整个过程，把明英宗捧了上去。

同样，心态已变的徐有贞，为了让自己这泼天大功不旁落，更是撺掇着明英宗把昔日保卫北京的大英雄于谦给抓起来。按照徐有贞的说法，于谦想迎接藩王即位，不把他杀了，您的皇位怎么能名正言顺？接着扣给于谦一个"意欲"的罪名，堪比秦桧杀岳飞的莫须有，亲手拯救明朝的大英雄于谦就这样蒙冤遇难。

当然比秦桧还荒唐的是，把明英宗捧上皇位的徐有贞虽说也被封了爵位，当了内阁首辅，可还没风光几天，就被两个昔日好战友石亨和曹吉祥打了黑枪，被罗织了各种罪名，狼狈发配到云南去劳改，过了四年的悲惨生活。在这四年里，徐有贞受尽唾骂，却也彻底想开了，在当地低调做人，还义务教人读书，做了不少好事。

等到后来曹吉祥和石亨先后倒台，徐有贞获准返回苏州养老，晚年的他，除了醉心于文学诗词，就是和朋友饮宴，有时候成天看着天象，盼自己能重获启用，最终愿望落空，直到六十五岁那年去世。官做过，坏事干过，报应也受了，从头到尾，各种失败！

四、死后救国

但声名狼藉的徐有贞，自己恐怕也不会想到，他当年一个重大突破——水利科学，竟会在自己死后救了大明朝！

水利事业，历朝历代都是大事业，精通科学的徐有贞更是此中高手，多年来精心钻研，景泰年间张秋治水时更上演了奇特一幕。这个张秋河，从正统年间起就是明朝的心病，几乎年年闹灾，一闹京杭大运河就断流，每次明朝花钱修，都是还没修完就继续闹，简直是无解难题。

但徐有贞去扫了一眼，就知道问题所在。他大大咧咧拿两个水桶，一个水桶开个大口，一个水桶开五个体积相同的小口，同时开始放水，结果五个小口的水桶先放完。然后他告诉官员们：看见没有，方法不对！

这个演示，就是人类水力学的经典实验：水箱放水实验！因此而诞生的分洪治水法，通过多开小水流的方法分散流量，果然快速高效把水治好了！

在徐有贞去世二十二年后，即明朝弘治二年（1489），黄河也爆发了百年未遇的大洪水，整个河南都成了一片汪洋。而此时的明朝，也是财政极度困难时期，水又必须治，一旦治不好，元末黄河天下反的场面，闭着眼就能想到。此时的明朝兵部尚书白昂拿出了当年徐有贞张秋治水的资料——就用这法子!

于是,这场动用十万人的大规模治理,采用徐有贞的新方法,果然快速治好,而且也正因这场整治,黄河中段近八十年没有大型水灾。弘治中兴的好景象,就这样营造起来了。这其中当然也有徐有贞的功劳。

这位科学强人,该怎么评价?或许清朝名臣张廷玉说得贴切:假使随流平进,以干略自奋,不失为名卿大夫。事实也确实这样,如果他少一点儿权欲,多做点儿研究,人生也许就更辉煌。找准定位,哪怕是科学强人,也很重要。

明宪宗真的是昏君吗?

一、极品宅男

明朝皇帝中奇人众多,而明宪宗成化皇帝朱见深却堪称奇葩。

这人的奇葩程度有多强,仅说几件事就知道:专宠年长他十九岁的万贵妃一辈子,还因为这女人的任性胡为差点儿要了亲儿子明孝宗的命。

执政时极少上朝,首开明朝皇帝歇班怠工先河;兴趣爱好广泛,除了沉迷炼丹修道,连平日爱不释手的文学读物,许多都成了后来明代畅销书,亲手绘的《一团和气图》,创意之独特与艺术水准之精彩,令后代艺术家衷心叹服,仿品都能随便卖高价。

这样爱情观独特且生活方式特殊的多才多艺之人，以现代流行语说法，就是个喜爱御姐打游戏且文艺范十足的极品宅男。

而这个极品宅男的工作业绩，历代史家更是热情高涨地轮流批判。被批的最体无完肤的正是"任用奸佞"这条。身边宠爱的亲信，不是炼丹的道士，就是败坏佛门的淫僧，还有写成人文学的阁老与研究生理卫生科学的御史。当然最出名的还是一度气焰熏天专业陷害朝臣的宦官汪直。这群魔乱舞的景象，为后来的武侠片发展做出了卓越贡献：反复重拍依然在群众中喜闻乐见的《新龙门客栈》，就以这段历史为素材。

被批得如此狠，也是有原因的。群魔乱舞的直接后果，就是这时期明朝政府的行政效率几乎为零。地方报上来的奏折，十天半个月能盼到回复的，就算是业绩良心。从内阁到六部，更集体不干正事，人送绰号"纸糊三阁老，泥塑六尚书"，十分生动形象。

这样的奇葩政治景象，在后世十分出名。但后世不出名的却是这位奇葩皇帝的治理成果。以骂他最起劲的《罪惟录》上的话说，就是"幸斯小康"。

"小康"二字，是中国历代有作为的帝王无比期待的治世理想。比如那位十分生猛的永乐大帝，登基之初就鲜明提出了"斯民小康"的目标，并奋斗终生。

可这位明宪宗朱见深既极少喊口号，也没见怎么干活，反而因为懒到极品，被后人反复痛骂，竟然不动声色地把这伟大理想实现了。

这位皇帝也许可以总结出千般不好，却有一样公认的好——对老百姓大方。

二、出手阔绰的帝王

明宪宗朱见深一辈子干的最大方的事就是蠲免，也就是减免百姓的赋税。

这事在整个中国古代史上都是一项传统福利。特别是国家遭受自然灾害时，蠲免是稳定人心的首要法宝。即使是和平年月风调雨顺的时节，有时候皇帝发了善心，也会大手一挥蠲免一把，树个爱民形象。

发展到明朝，蠲免更成了一件常事，手笔更大。朱元璋的遗嘱说，只要有地方闹灾，不但当地要免税，就连邻近的省份、州县，也都要减免。后来还形成一套完整的科学评估体制，根据灾害的破坏程度和灾区的所处位置，设立不同的减免份额。

说到减免的力度，许多当代史家最津津乐道的还是清朝"康乾盛世"时期。从数字说确实可观，但清朝的蠲免与明朝相比最大的不同就是它常常"缓征"，也就是暂时给你免，过后要补齐，免得了初一免不了十五；而且在征税手段上，清朝十分强硬，交不上税就抓差拿人，从来都是寻常事。明末清初一代文豪金圣叹，明末的时候抗税成习惯，过得极舒坦，入清以后继续抗税，立刻被抓了砍头。至于乾隆驾崩时闹得欢的白莲教大起义，其导火索也是清朝催"缓征"，把老百姓催反了。

明朝的皇帝除了晚期缺钱急红了眼的崇祯等少数人外，在这件事上多数都是既热心又实诚。比如定下明朝蠲免规矩的朱元璋，一生给百姓减免钱粮的数字，按照《续文献通考》的话说是"岁不胜书"，也就是多得统计不过来。这都是事后不逼债，大手一挥的真免。

在数据统计比较详细的帝王中，明宪宗朱见深是十分大方的一位。

朱见深这个皇帝其实运气很不好。他登基以后赶上的恰是明朝两个自然灾害多发期之一，从他执政的整个时期到其子明孝宗在位的早期，中国自然灾害爆发的频率和强度照《罪惟录》的说法是，"无有酷于此二十三年者"。仅大规模的水旱蝗雹灾害，他在位时期就有五十二次，另外还有多次地震。

朱见深时期的明朝官场除了相互钩心斗角，就是卖力逢迎拍马。内乱也连着折腾了好多次，单一个荆襄流民起义就连续闹了两回。广西大藤峡叛乱更一度震惊全国。北方鞑靼侵扰的边患也骤然升级。他刚登基的时候，每天看奏折急得说不出话来，只是一个劲儿地对大臣叹气。

可所有的内外危机他都平安渡过了。华中和西南一度闹翻天的暴乱，不但得以顺利平定，更开发了湖广经济区。北方的鞑靼也被他几度派兵痛打，还差点儿活捉了鞑靼可汗。这些还说得过去的业绩正来自他出名的优点：大方。

朱见深有多大方？先说一个情况就知道，后人总津津乐道朱见深软弱，听到国事奏报，就忍不住叹气。但事实是，令朱见深叹气最多的事就是地方闹灾，听说老百姓吃不上饭他常常愁眉苦脸。但他动完了感情，就动真格，每次都命令户部立刻安排赈灾，一旦户部喊没钱，他就"辇内帑以给之"，也就是拿私房钱亲自买单。

他一辈子单给老百姓蠲免的钱粮，数额就十分庞大。仅"官田"的税粮，二十三年间就一口气减掉近两千万石。民田的税粮减免更是翻倍，仅成化二十一年这一年，减免山东、南直隶、四川、河南、山西五省的田赋，数额就高达二百五十万石。以《国榷》的说法，这基本是每年的平均水平。

除了免债大方外，发钱也大方。除了多次打开官仓给灾区赈济外，他还经常自掏腰包。仅看数据习惯性缩水的《明史》中的统计，他几乎每年都从自己的内帑中拨出至少三十万两白银，用以赈济灾区。更常见的情况是，有时候灾情紧急，户部钱粮调拨来不及，官员一叫苦，明宪宗眼皮都不眨，立刻自掏腰包先垫。类似的桥段，以《明实录》的说法，每年都要上演好多次。

大方砸钱的效果也极好。客观说来，明宪宗虽说工作懒惰，宠爱奸佞，但一样远强于崇祯帝的本事就是关键岗位的干部选拔。那些有歪才的弄臣，可以陪他耍乐，也能适当捞好处，但绝不能放在要害部门。真正担当关键岗位，特别是关键地区的封疆大吏的都是个顶个的能臣。扫平大藤峡叛乱的韩雍，平定荆襄流民暴乱的项忠，统筹荆襄战后重建的周洪谟，痛打鞑靼的王越，全来自他慧眼识英才，大胆启用。所谓"主昏于上，臣奋于下"，就是他执政二十三年的真实写照。

由于关键岗位用人得力，哪怕整个国家机器常瘫痪，只要朱见深砸钱够大方，也就给钱就能活。于是有惊无险，渡过多次难关。

要问朱见深为什么砸得起钱？其实也简单：首先，他设立了皇庄制度，皇帝从此有了自己名下的地产，收益就是皇帝的私房钱。第二，虽说这时明朝土地兼并严重，田赋锐减，但商品经济开始繁荣，朱见深适时地设立了八处钞关，适度调整商业税，果然收益大增。腰包这样鼓，补国家的窟窿，也就有了底气。

正是在朱见深的大方下，即使自然灾害频发，成化年间中国的民生经济依然高速增长。除了《罪惟录》里"幸斯小康"的评语外，《明史》还给了他一个高度评价：仁宣之治于斯复见，也就是重现了大明仁宣之治黄金十年的辉煌。

就明朝整个社会发展来说，成化年间成为一个重要转型期：由于老百姓手里有了闲钱，政治风气也宽松，奢靡风气开始流行起来。消费热潮升温，民间手工业蓬勃发展，过往衣食住行格外朴素的明朝人开始讲究吃穿，甚至还闹起了"韩流"。朝鲜使团进贡的时候，穿的马尾裙很吸引眼球，结果明朝人格外感兴趣，男的女的都纷纷效仿，成为一时风尚。

在这样的潮流下，明朝人的生活品质从此更加精致。后来空前繁荣的市民文化也正是从此开始升温。精美的成化瓷器也成为这个时代不朽的见证。如上风景，在历史上有个熟悉称呼——成化新风。

三、同样是大方，手段各不同

饶是朱见深如此大方，却难掩一个尴尬现实：整个王朝的行政效率，在他执政的二十三年里连年降低。等他儿子明孝宗朱佑樘上任时，大明已到了严重人浮于事的地步。恐怖的自然灾害依然在没完没了地折腾。拜朱见深长期不作为所赐，大明虽说赈灾积极，却没有从根本上解决问题，各处水利设施年久失修。到了明孝宗登基后，立刻惹出了大麻烦：黄河连闹了两次大灾，一向富庶的江南也闹出空前灾害。一辈子大方的朱见深留给儿子的私房钱内帑早已囊中空空。

危急局面下，明孝宗十分淡定，他比父亲强的一点正是行动力。他首先借力打力，不动声色整顿官场风气，裁汰贪腐慵懒老臣。当年朱见深亲手选拔并长期窝在地方上的封疆大吏们，如王恕、马文升等干练人物，也高升到京城里主持大局。大明行政，全面提速。

钱的问题更下狠手，一是割肉，从个人生活割起，宫廷开支一减再减，牙缝里抠钱。二是开源，比起父亲的小聪明，明孝宗更是大动作。农业税推出了实征策制和折纳银钱制，就是后来改革家张居正的两大法宝即考成法和一条鞭法的前身。工商业也采取鼓励政策，打破官方垄断，推出开中法来繁荣经济。国库收入终于直线增加。

在减免税粮和赈济上，明孝宗除了和父亲一样大方外，又有了新手段即以工代赈。他发起了自明朝开国后最为彻底的黄河整治行动，先后动用灾区二十五万人，任命杰出水利学家白昂和刘大夏先后主持，又以最新科技整顿了江河积淤问题。这几件事办好，北方黄河确保了近百年太平，江南大地从此一直是粮仓。更直接的意义是，大规模的工程充分吸纳了灾区劳动力，把民变的风险成功降到了最低。

明王朝迎来了历史上又一个黄金时代——弘治中兴。

郑和海图被烧了吗？

中国古代航海史上的一曲绝唱，当属郑和下西洋。

两万人的船队——每艘船可承载数千人，横隔舱、螺旋桨等工艺水平领先欧洲上百年——以云海遮天的壮观阵仗，劈波斩浪，逆天横穿大洋，到达亚非各地。

如此波澜壮阔，令近代沉痛于落后挨打的国人们悲愤满腔，梁启超曾愤懑地呼号：郑和之后，再无郑和。

那么，为什么会再无郑和？

因为作为浓缩这场文明盛世的一大瑰宝《郑和海图》，早已被无情地焚毁，湮没在历史的尘烟中。

《郑和海图》全名"自宝船厂开船从龙江官出水直抵外国诸番图"，详细记录了郑和七下西洋时代自刘家港至东非大地的所有水文航线，还包括沿途各主要国家的天气、地貌，甚至风俗民情。每一个字甚至每一笔图，都是那一代航海家的心血结晶。

其全面的文献记录和精确的资料整理，堪称人类航海史上的文明遗珍，以"价值连城"来形容丝毫不过分。

但如此重大的文明遗宝，却在明朝中期以后消失得无踪无迹，只在明朝人茅元仪的《武备志》中保留其相关图纸目录。

仅这点儿鳞爪般的残留就已令后世研究者惊叹不已，其精确的绘制与包罗万象的内容令近代无数学者捶胸顿足地追问：如此强大的宝贝，到底是被哪个人毁了？！

这个问题在最近几十年里，也变得越发热闹，毁图的罪人到底是谁？大家铁板钉钉指向一位：明朝成化至正德年间的名臣刘大夏。

一、"罪人"之"罪事"

刘大夏到底是不是凶手，得先看看其履历。

刘大夏，字时雍，湖广华容人，生于正统元年，科场登第入仕于天顺三年，此后几经浮沉，成为明朝成化至正德年间的重量级政坛人物，人送称号"弘治君子"。

仅看这个名号就知此人形象多高大。从京中芝麻小官干起，到后来成为执掌兵部和吏部的重量级权臣，他从来都两袖清风、兢兢业业，有权有钱的肥官干过好几个，非但毫不贪占，还最擅长卷袖子惩豪强反腐败，为民做主铁腕惩贪的好事几乎年年都有。

在堪称大明朝黄金时代的"弘治中兴"时期，他是弘治帝朱佑樘一生信任的先进典型。

千万别以为这位劳模是个脑筋古板的老古董，他最让后世汗颜的是巧妙的手腕和超前的眼光。虽说公认为"青天"，但他反贪惩腐极少硬来，最会以柔克刚解决问题，尤其擅用经济杠杆，曾经巧施妙手调控价格，在宣府一场经济战中打翻大批贪官奸商。

对同时期大明新出现的"重商"思想，他更是坚决支持，甚至举一反三，提出种种具体措施。

他改革大明市舶司税收制度的主张在正德年间推广，一下激活了沿海贸易，而他的"恤商"理念，在他过世六十多年后由两位大明改革家高拱、张居正全盘继承，造就了大明又一强盛时代——隆万中兴！

这样德才兼备的强大人物，不但是一个时代的宝贝，更在民间人气极高。他就任地方官的时候，经常还没到任，沿途就塞满老百姓，全是来围观青天风采的。其容貌形象还被做成年画与神像，时常享受百姓香火。明朝能有这样特殊人气的，除了他也就只有海瑞。

如此廉洁奉公且才能卓绝的良臣，《明史》里被赞叹"忘身殉国"一辈子，难道真的做了焚烧郑和海图的缺德事？

刘大夏"烧图"的过程，版本众多，有些写法趣味生动，比小说还精彩。

最早把这件事宣传成祸国殃民严重事件的是民国年间《小说月报》上的一篇文章。

抓住刘大夏这位"凶手"，且怒火万丈开骂的，是民国时代交通史专家向达。

他在1929年《小说月报》的一月号里，以辛辣的讽刺猛批了刘大夏焚烧郑和海图的罪恶行为，还给了他一个讽刺称呼：焚琴煮鹤的道学先生。拜《小说月报》当时的火热发行所赐，刘大夏老迈昏聩的形象一下蹿红。

之后的相关学术论战，凡是要讽刺道学先生，常拿刘大夏说事。

20世纪80年代起，向达的愤怒抨击开始被许多研究者采纳。甚至日本人也跟着凑热闹，日本学者汪义正撰文说，郑和海图就是被刘大夏"下意识销毁的"。这热闹一凑，也捎带把刘大夏凑出了国际影响。

向达抨击刘大夏的文章里信誓旦旦引用的一本明朝资料乃明朝万历年间顾起元的《客座赘语》，即"成化中，刘中宣大夏为郎中，取而焚之"。也就是说，成化年间担任郎中的刘大夏干出了烧图的事。

二、罪证破绽百出

《客座赘语》为顾起元所撰。

顾起元是明代著名学问家，但问题是他是生活在明朝嘉靖至万历年间的人物，又怎么能清楚知道一百多年前刘大夏做的这件错事呢？

对这个问题，顾起元当时还是很负责的，他也给出了资料出处——《殊域周咨录》。

《殊域周咨录》在明朝堪称一部重量级的地理科学经典。作者严从简长期担任京官,既在嘉靖帝身边做过行人,也在刑部、户部做过主事,经手的全是核心资料,且素来以严谨认真著称。他写就的这部《殊域周咨录》除了记录不少宫廷掌故,还详细描写了中国周边国家民族的风情百态,内容十分丰富。20世纪以来,韩国、日本甚至中亚国家的许多学者都纷纷慕名而来,上门求取。

由于内容太过丰富,明亡清兴以后,这书就被清朝统治者列为禁书,几百年不见天日,直到1920年才重新印刷出版,发行也一度有限。

所以向达批刘大夏时也承认,他没看过《殊域周咨录》。

但不管怎样,作为一部资料过硬且编著严谨的书,《殊域周咨录》既然这么说了,是否就可以给刘大夏定罪?

遗憾的是,《殊域周咨录》根本就没为刘大夏定罪!人家的原文是如此说的:"成化间,有中贵迎合上意,举永乐间故事以告,诏索郑和出使水程。兵部尚书项忠命吏入库检旧案不得,盖先为车驾郎中刘大夏所匿。"

意思是说,成化年间,有太监撺掇明宪宗学郑和下西洋,命兵部尚书项忠去找郑和海图,没想到挖地三尺也没找到,原来是被担任车驾郎中的刘大夏藏起来了。

刘大夏藏就藏了,还理直气壮对顶头上司项忠说了一段豪言:"三保下西洋,费钱粮数十万,军民死且万计,纵得奇宝而回,于国家何益?此特一弊政,大臣所当谏也。旧案虽存,亦当之。"

给刘大夏"挖坑"的正是这段话:郑和下西洋太费钱,就算弄来宝也没用。海图虽然有,还不如烧了!

虽说刘大夏说了这话,可到底烧没烧呢?纵观整个《殊域周咨录》,再没有半句关于刘大夏烧书的记录。要知道,说没说和烧没烧,后人看来是一码事,放在明朝却是个了不得的大问题。如果真烧,必须有圣旨,可有吗?没有!

《大明律》明文规定，凡弃毁制书及起马御宝圣旨，起船符验，若各衙门印信及夜巡铜牌者，斩！若毁弃官文书者，杖一百！仅以法律说，刘大夏若真做了此事，下场可想而知。

而且十五世纪的明朝，是中国古代史上出了名的"依法治国"时代。《大明律》就是铁律，就连当年大杀四方的朱棣，晚年要处理一桩冒支钱粮案，动火要杀人，刑部官员抱团坚决不奉旨，说皇上此举违法，最后硬叫朱棣压下了火，依法审判了此案。

哪怕凶暴如朱棣，到了晚年都要依法办事。

而且再联系下成化年间的宫斗，正是太监得宠，和文官集团斗得厉害的年月，以明朝太监无孔不入的特务机构，刘大夏要真敢烧，那铁定瞒不过，这么大把柄落在手里，必然要把刘大夏依法整治。

但事实是，刘大夏说了这话，以后仕途顺风顺水，从郎中到地方官，终成弘治年间的名臣。倘若他真烧了，绝不会再有后来的春风得意。

不但《殊域周咨录》里没有说他烧，《明史》等正史资料里也无任何证据。那么既然这样，顾起元却为何又认定刘大夏干了这事呢？

因为顾起元的《客做赘语》是一本记录风情百态的文献图书。顾起元在自序里就说了，间出一二区号奇诞怪者以助欢笑：我随便写写，逗您一乐，您别当真。

而且生怕后人真当真，顾起元还补充说明：随手所书，原无伦次，不足以示人也。我就是想到哪里写到哪里，大家真心别见怪。

可万万没想到，1929年，向达先生真的就较真了，专门写了文章猛批，就似点了炮似的连环炸，终于把一口结结实实的大黑锅炸在了刘大夏先生身上。

纵观整个过程，可以用四个字来概括：以讹传讹。

当然也有人会说，刘大夏就算没烧图，他阻止明宪宗效仿郑和下西洋，封闭昏聩，说他烧了也不冤！

说这话的人，得好好学学历史唯物主义：哪个年代，就说哪个年代的话，办哪个年代的事。再好的事，都要讲究个时间地点人物，到底能不能办，得具体问题具体分析。

永乐年间七下西洋，根本的底气是自洪武至永乐年间积累的强大财政储蓄，仅存粮就到了"至红腐不可食"的地步，这才经得起如此浩大阵仗！

成化年间呢？当时正是土木堡之变后的国家经济整合期，财政税收难题不少，而且天灾还频繁，《国榷》说"无有酷于此二十三年者"，也就是说连崇祯年间的天灾都没法比。穷成这样还下西洋？只能用一个字形容：蠢！

如果还不明白这么蠢的严重性，那尽可参考中国历史上诸多劳民伤财毁灭了国家的悲剧。

以一句气话和非暴力不合作阻止一场烧钱悲剧，刘大夏的方式虽有待商榷，但就用心与结果，他尽到的都是一个政治家应有的责任。

三、郑和海图去哪儿了

有更多的证据说明，刘大夏这口黑锅背得有多冤。

在明朝茅氏家族历经三代心血修成的军事百科全书《武备志》中就生动呈现了郑和海图的图纸风貌，是今天研究郑和航海的关键资料。第一代修撰者茅坤当年是嘉靖年间的兵部车驾司郎中，第二代修撰者茅国缙是工部主事。用第三代主修茅元仪自己的话来说，正是祖上两代人的集合抄录，积攒了如此丰富的资料。

也就是说，即使刘大夏过世几十年后，官方渠道依然可以查到郑和海图风貌，还收录进图书里。

更重大的证据是，南京图书馆古籍部现存的《明史稿》中，清楚记录了郑和舰队的规模航线乃至技术配备，这些只有海图资料中才可钩沉的关键内容，来自清初组织编修明史之时。

对照成书的《明史》，更加令后人惊奇的是，那些存在于《明史稿》中的郑和舰队的极致细节技术资料，却在乾隆年间《明史》成书时大段被删掉了。

也就是可以确认，清朝建国时，郑和海图依然在。

但令人痛惜的是，除去这些蛛丝马迹，原版的郑和海图，那见证一代中国航海人心血智慧的结晶却真真切切不见了。所有的怀疑线索，都应该聚焦在清朝以后，而与刘大夏无关。

以明史研究学者韦庆远的原话说：明代档案之所以保存不多，一因明清之际的战乱，二因清代乾隆时期修撰（明史）之后，按照当时惯例，对所依据的档案史料往往弃置甚至烧毁掉。

根据这些史料，虽然毁掉郑和海图的"凶手"还无法确定，但刘大夏却是真被冤枉了。

当场打死锦衣卫后，这位文官两次挽救国家

一、迅速蹿红的愤怒青年

大明正统十四年八月十五日，土木堡惨案发生。

这是一场任性皇帝（明英宗）受权阉（王振）撺掇，御驾亲征被打得全军覆没的惨祸：明英宗朱祁镇沦为俘虏，大明江山岌岌可危，北京城乱作一团。

伴随这场惨案发生，迅速在北京城里蹿红的，有一个平日默默无闻的三十六岁青年：王竑。

导致他出名的，是八月二十二日这天大明朝临时领导监国郕王朱祁钰召开的紧急朝会。

当时与会官员情绪激动，很快就哭声震天，偏这节骨眼儿，锦衣卫指挥使马顺（明英宗十分宠爱的特务头子、宦官王振的铁杆心腹），竟跳出来呵斥群臣。不料立刻引爆全场，首先站出来的正是这位青年给事中王竑，只见他目光冰冷，沉默上前，电光火石猛然出手，一下揪住马顺头发，把这凶恶的特务头子噼啪一顿暴打。

这一凶悍表现，登时如点了炮般，红了眼的大臣们纷纷上前，围住马顺一顿拳打脚踢，王竑更是再接再厉，号叫着扑上去撕咬，从马顺身上咬下几块肉来。

马顺这位杀人不眨眼的冷血特务，几个回合下来就断了气。

在当时的监国郕王即之后的景泰皇帝朱祁钰的记忆中，彼时彼刻的景象是他政治生涯中恐怖到令人战栗的一幕：满眼都是红了眼的官员和疯狂的厮打，充斥在耳朵里的更是拳脚声、撕咬声和惨叫声。那位带头冲打的王竑更是以双眼喷火、鼻青脸肿、嘴角冒血的恐怖形象，刹那间深深印在他的脑海里。

幸亏接下来兵部尚书即后来北京保卫战担当重任的大英雄于谦挺身而出，及时制止了群臣的失控行为。

这场为朱祁钰留下噩梦般记忆的朝堂血案，就是著名的"午门事件"。

对于大明朝这个生死存亡的时刻来说，"午门事件"的意义相当重大。这就是一声炸雷，骤然震醒了大多数惊慌失措的明朝人。

之后郕王朱祁钰正式继位，是为景泰皇帝，大明朝确立了绝不妥协、抗战到底的战略目标，开始有条不紊地备战。所有的冷静、热血、坚强，都是从这场炸雷般的血案开始的。

由于意义重大，事件中率先跳出来打死马顺的王竑也立刻红透了京城，甚至还有百姓把他的画像制成门神。痛殴马顺的场面，后来被加工成各种戏曲评书，甚至衍生出武侠小说来。

后来正德年间的大诗人李梦阳的一首诗，尤其能表达明朝诸多文臣对这一壮举的崇敬之情：王竑犯阙虽愚憨，舍命临危一丈夫。

但只要看看王竑的人生履历，就会发现李梦阳先生这诗还是有些不切实际的地方，王竑的品格固然堪称大丈夫，可要论实际才能，却既不愚也不憨，相反这位以热血风骨出名的官员是大明王朝历史上又一位堪称全能的文臣。

体会过他强悍战斗力的不止那位被殴打致死的马顺，更有嚣张跋扈的瓦剌骑兵。

二、铁腕强人的成长路

王竑，字公度，甘肃河州人，生于永乐十年。

以《明史》的说法，王竑祖籍江夏，祖父那代迁到甘肃河州。父亲王佐也是当地名儒，还和永乐年间学问家解缙是铁哥们，属于书香门第。祖父王贵更传奇，是昔日朱元璋打天下时的麾下千户，但在大明开国后一不留神犯了错，全家贬到甘肃充军，就这样落了河州籍。

如此特殊的家风，让王竑出落成一个奇特的硬汉子：年轻时的王竑，平时读书读到历史上奸臣专权误国的典故，能当场气得咬牙切齿。甘肃当地也有野史说，有一次他读到大英雄岳飞被秦桧坑，气得在课堂上拍桌子，好好的书桌给拍得七零八落。

虽说这说法不可考，但对照后来他在朝堂上的表现，应该比较可靠。

更值得一说的，是他的家学渊源。虽说甘肃教育条件落后，一般碰不到好老师，可王竑却真个运气好，除了父亲教育水平高外，还遇到个神奇老师：周璠。

以《河州志》的说法，这位周老师也是当地一位奇人，虽说名气不大，能耐却奇强。此人原籍苏州，也是因父辈充军来的，却一辈子淡泊名利做学问，不但经史学问好，武艺更精湛，而且在医学和建筑方面都很有造诣，今天当地许多城防堡垒遗址，都是出自他的设计手笔。

由于两家是世交，王竑小小年纪就近水楼台先得月，跟着周老师刻苦学习。以明朝雷礼等人的文章记录，周老师的教学方法灵活多样，除了督导日常功课，还常带王竑骑马游猎，考察边情。如此寓教于乐，王竑各方面的本事都是节节高涨。

最重要的一条是从此之后，王竑有了一个壮怀激烈的理想：士当希汲黯朱云！

他的人生追求，就是成为西汉汲黯、朱云这样的名臣，铁骨铮铮，匡扶社稷。

满怀这般理想的王竑，事业人生也十分顺利，正统四年二十六岁的年纪，就以进士第五名的成绩金榜题名，从此踏入大明朝的权力场。

从入仕后的第一天起，王竑就以实际行动证明，他的人生理想绝不是随便说说：一直热火朝天工作，遇到国事就大胆直言，尤其值得一提的是，后来活捉了明英宗的瓦剌太师也先，当时表现得对大明特别恭敬，可这家伙的坏水瞒不过王竑的眼睛，王竑多次大声疾呼：将来给大明朝制造大难的，必然是这个也先。

虽说没人听，但王竑的名气却传开了。外加他为人正直，典型炮筒子脾气，谁遇到冤枉事，无论与他有关无关，都敢站出来，在大臣中深受欢迎。以《河州志》的说法，就是"论大臣如竑者，盖无已也"。

但如此高调的王竑，真实的处境却十分憋屈：虽说工作努力，还常给大家出其不意，但仕途却总受压制。正统四年中进士，此后就一直"观政"，也就是当实习生，中间又丁忧了几年，直到正统十一年，才算结束实习生涯，官授户科给事中。

但比这更憋屈的是大明朝越发溃烂的朝局：宦官王振专权，国家大事给指挥得一团糟，个人脾气还跋扈。凡是跟他唱反调的大臣，一有机会就逮住往死里整。比如曾经格外赏识王竑才华的翰林学士刘球，就因得罪了王振，先被罗织罪名下诏狱，后来还被人下黑手杀死在牢狱中，下这个黑手的，正是后来被王竑当场打死的马顺。

对这种祸国殃民的权阉，王竑自然是不会放过，还是个实习生时就从不买王振的账，后来做了给事中，更是放开手脚大骂，是王振专权时代少数从不拿王振当回事的官员之一。

这样的行为，在那个王振气焰熏天的年月里，可谓十分难得。以嘉靖年间才子王世贞的说法，大明朝的言官们，真正能做到不畏权势刚正敢言的人物，王竑当之无愧。

通常，这样逞英雄都要付出代价，何况碰上的又是向来睚眦必报的王振。

可奇特的是，对王竑这个硬骨头，王振除了暗地里使过绊子，基本是敬而远之。哪怕王竑妙笔生花，写了不少骂他到狗血淋头的奏折，他还是忍着。

如日中天的王振为什么要忍？

沈德符的《万历野获编》里给出了一个原因：王竑的七年"观政"时期，一个重要的履历就是曾在郕王朱祁钰的王府任职。有了郕王这个背景，还是明英宗与郕王兄弟情深的好年月，王振也只能先咽下这口气。

午门事件后，大家扬眉吐气，王竑却深知问题严重：大明开国七十年，还从没有过文官在朝堂上打死特务头子的事情。

深知自己摊上大事的王竑，体现了铁骨般的担当：《名山藏》记录，他先是叫来妻子儿女，郑重地托付了后事。然后慨然进宫，只求领罪赴死，好在于谦帮忙，反而被郕王一通好言抚慰，总算逃过一劫。

午门血案中，另一个事实更彰显了王竑的品格风骨。当时现场痛哭流涕骂王振的大臣，甚至跟风卷袖子上来打马顺的大臣，绝大多数都是在王振专权时期夹着尾巴做人的家伙。真正无论王振是活是死都一样愤怒痛骂的，王竑是为数不多的几位之一。

另一位与王竑一样专注骂王振很多年的硬汉，是担当北京保卫战大任的于谦。

这件事以后，老资格硬汉于谦，对于小字辈硬汉王竑，真是关照有加。随后在紧张备战中，于谦先派他去易州整顿防务，而到了瓦剌大军兵临北京的十月，又举荐他出任一个至关重要的岗位——都察院佥都御史，提督北门防务。

这个任命有多破格？王竑先前的职务是七品给事中，这下等于从七品一口气升到了正四品，典型官场上最招眼热的"连升三级"，而"提督北门"更是要担负起最重要的防务。

于谦为啥要这样关照王竑？自然不止之前打死马顺的表现，以北京保卫战后于谦的说法，王竑在正统年间的诸多奏报他都格外关注，有些精彩内容更烂熟于心。

土木堡惨案后，王竑的一条建言也引发了于谦注意：大家都忙着修堡垒调兵，王竑则犀利点出一大隐患，东昌府卫等地还安置着不少昔日收容的瓦剌裔"达官"，一旦他们趁机作乱，后果不堪设想，必须提早预防监视。

如此能看到问题死角的眼光，于谦自然十分佩服，也因此认定了人才难得。虽说当时不少人讥讽说王竑打一架就能升三级官，可于谦不为所动，依旧用人不疑。

这是一个十分正确的决定，在随后浴血悲壮的北京保卫战中，担当重任的王竑，果然成了于谦得力的助手。他多年刻苦磨炼的能力，更好似火山喷涌一般，在大明政坛上华丽爆发。

三、全能文官登场

受命提督北门的王竑，还没开战，就又叫围观群众吃了一惊。

士兵们列阵站好,他只消扫上一眼,就能迅速找出其中滥竽充数骗军饷的烂兵,然后筛子一般地清理掉。

还发起了魔鬼突击训练,且纪律抓得严,每天都有犯事军官被五花大绑拉到北门当众"啪啪"打军棍,成了北京保卫战前京城防务一大奇观。

在接下来的北京保卫战中,王竑的一番心血获得了回报:他督率的毛福寿部,成了战场上敢与瓦剌精锐死磕的机动力量。瓦剌初到时,他们先在北门阻击,硬碰硬打了个开门红。土城大战中明军山穷水尽,连百姓都上了城头扔砖瓦助战,危急时刻正是王竑带兵赶到,一番浴血厮杀,终于将这股顽敌击溃。北京保卫战中最艰苦的一场血战终于顺利挺过。

十月二十日,屡遭重创的也先终于无奈退出北京。当时,整个北京城一片欢腾,王竑是少数依然冷静的人,他又上奏折泼冷水,认为瓦剌虽然战败,但实力犹存,必须立刻整顿防务,提防他们继续侵扰。这份冷静的建言,令同样冷静的于谦十分感慨,随后再次举荐他担当一大要职——提督守备居庸关。

居庸关的战略意义,在当时十分重大。这等于是把大明北部防线的脊梁骨交到了王竑手上。

先前的北京保卫战中,王竑常被人诟病的是手段太生猛。可跟后来提督居庸关相比,那真是牛刀小试。

作为大明长城防线的战略要地,居庸关在当时早已腐败不堪。虽说北京保卫战的时候也同样雄起一把顶住了瓦剌的猛攻,但那是沾了天气的光:当时镇守居庸关的右副都御史罗通,趁着天冷往城墙上浇水,把整个城墙变成冰墙,才叫瓦剌吃了大亏。

可打仗这事,靠天吃饭也只能一次,面对胜利掩盖下问题成堆的居庸关,王竑又发了狠,先大力查账,而后又追查空额军饷,挖地三尺,也要把腐败分子刨出来。

这种孤胆英雄般的莽撞行为,当时也引起轩然大波。早有准备的各级腐败干部,已经充分应对,看你王竑够猛,又能奈我何?

可接下来的事实,却再度让他们大跌眼镜:王竑除了眼光准手腕狠,行动力还极强,这些贪腐的小伎俩,半点儿都难不住他。而且更要命的是,他的口才十分了得,还很会运用心理战,只要抓到一个嫌犯,循循善诱地问几句话,立刻就能套出一大堆重要信息。

他们确实太低估王竑了,这位表面会打能骂的言官,实际是一位通才,军事天文地理样样都学过,甚至敲一敲城墙砖,就能初步判定这工程黑了多少钱,而且效率也奇高,擅长用最直接手段解决问题。因此此番到任,就真成了反贪斗士,招招都不落空。

就连居庸关都指挥赵汶,之前组团跑到蒙古草原偷猎这类事,都叫王竑给挖了出来,处置更是狠辣,逮着一个就法办一个。外加整顿训练,选拔精锐,这个一度衰败的大明防线要冲再度战力满满。

良好的工作成果,曾让出使瓦剌的明朝使者李实赞叹,说瓦剌知道是王竑镇守居庸关,竟从此不敢靠近,可谓威名远扬。

正当王竑在居庸关任上有声有色大展拳脚时,另一个紧急任命又把他朝南拽——景泰元年十一月,漕运总督。

此后的升迁,创了大明朝的记录:先是总督漕运,第二年又兼职巡抚淮扬四府三州且兼理盐政,景泰四年又加封左都御史。明朝以漕运总督身份兼理巡抚盐政者,三百年间王竑是唯一。在整个十五世纪,王竑堪称权力最大的地方官。

如此火速重要任命,是因为一个紧急任务——给老领导于谦填坑。

当年北京保卫战临危受命的于谦,之所以能打赢,主要的兵力来源就是漕运的运军。可这下问题来了,没了运军的漕运,立刻就荒废了。这事可不是闹着玩,京城的开支运转,全靠漕运物资输送,必须有人管。

最严重的问题还不是这个，在北京保卫战这几年，江淮地区水灾频发，大明的钱粮全用来抗击瓦剌，没多少钱来抗灾，以至于问题越演越烈。

所以王竑的任务十分艰巨：既要抗灾，也要管好漕运，更要保证盐税。也就是既要给朝廷补血，还要给朝廷治伤，如此不可能的任务落在了王竑头上。

在王竑的宦海生涯里，这是他遭遇过的最为艰巨的考验，其间他碰壁连连，比如治水这事，就真撞上了他的短板，尽管几年来兢兢业业，一直冲在一线，可还是怎么治怎么闹灾。景泰皇帝几次下诏斥责，脾气刚烈的王竑都给急出了病。

直到北京保卫战前曾鼓吹逃跑的徐有贞再次出山，用最新的放水技术，成功解决了淮河大水灾，这才知道是个技术问题。

比起这失败的技术攻关，他做得成功的是赈灾。他出手就是狠招，先擅自打开了广济仓取粮，镇守太监要阻拦，更被他一顿吓唬：你要敢拦我，我就先砍了你！

连太监都给吓唬住了，后面的事就好办了，广济仓取来多少粮食事小，关键是树立个榜样：淮河上下的商船，按照船只大小摊派，都得出钱出米，外带当地的富户，更是家家摊派，就这样连劝带吓，硬是咬牙把灾赈了。

这个成功经验，晚明崇祯年间主持陕西军务的孙传庭也曾积极学习，一度把李自成逼近死路。

这种胆大包天的事，风险自然大，可为了救灾，王竑还是一贯强硬作风，这次甚至是用了耸人听闻的一招：自死劾！吓唬完太监打开广济仓后，就立刻给朝廷上了奏折，请求朝廷将自己问斩。这就是命都豁出去的架势。

对这为了救老百姓不要命的大臣，景泰皇帝十分支持，虽说朝廷当时也穷，还硬是从皇帝私人府库里拨出钱，命侍郎邹干带去，而且还专门规定，钱往哪里花，怎么花，全是王竑说了算。

王竑的这番苦心也没白费，前后救活的灾民数量达一百八十万人，而以明朝同时期诸多文臣的估算，数量应该突破二百万。这良好的工作成绩，落下了一句当地民谣：生我者父母，救我者王竑。

参考下土木堡之变后的局面就知道，如果这二百万灾民真闹出大民变，对于此时风雨飘摇的明王朝，就真是窝心一刀了。

至此，午门事件中一打成名的王竑，以八年间兢兢业业的表现成为景泰年间大明王朝仅次于于谦的顶梁柱。以弘治年间名臣邱浚的赞叹来说，明朝能从土木堡惨案的重创中恢复过来，实现后来天顺年间"保泰持盈"的盛世，王竑功不可没。

四、起起落落，人生唏嘘

劳苦功高的王竑，随着景泰皇帝朱祁钰病故、明英宗朱祁镇再度登位，人生骤然反转。

他和明英宗的梁子极深，王竑是景泰皇帝潜邸旧人，又是打死明英宗心腹马顺的"凶手"，接下来的境况可想而知。

果然明英宗复辟后，于谦问斩，王竑也没得跑，先被送到江夏监视居住，后来又送回家乡，憋屈了许多年。

但明英宗万万没想到，这番反攻倒算的后果却是自废武功：军事干才王竑被罢后，北部边防防务越发不像样，南方漕运也运转得糟糕。继瓦剌后崛起的鞑靼孛来部，更是轮番侵扰。

终于到天顺五年，忍够了的明英宗，只好咬牙重新启用王竑，先让他提兵北上，在红崖子把孛来一顿暴揍，一年后又调其回任漕运总督，把漕运又整治得通畅。老将出马，果然一个顶俩。

特别感人的一幕是，王竑回任漕运总督时，当地乡民奔走相告，夹道数百里热情迎接。是年夏天，王竑又碰上百年不遇的旱灾，眼看大旱蔓延，王竑不顾一身病痛，在烈日炎炎之下，恭恭敬敬地求上天下雨。

这孤身求雨的情景，还被当地乡民绘成了各类图画，代代立庙流传。

伴随着这蒸蒸日上的威望，王竑也仿佛找到了第二次青春。等到明英宗过世，成化皇帝朱见深登基后，更给了王竑极高的尊崇，将他官升兵部尚书。在这个新岗位上，王竑一如既往尽心竭力，除了大力整顿国防，严打军队腐败，还选拔人才。成化年间的名将韩雍，就是来自他的举荐。

这段时间，堪称是王竑宦海生涯里最为风光的时期。但就是在这样的风光中，成化元年九月，一直深受信任的王竑却再度辞官回家。

而且这次是永远退出，再没回来。

这个意外情况，是因为王竑与内阁首辅李贤的矛盾已不可调和，王竑重点推荐的几个官员更是被李贤极力反对，结果王竑一怒撂了挑子闹辞职，没想到闹了几个月，成化皇帝就顺水推舟真批了。而后的二十多年里，先后有一百多奏折举荐王竑出山，成化皇帝却都没答应，一直到弘治元年，这位大明土木堡事变后顶梁柱般的能臣病故在家，享年七十五岁。

对于他最后一次离职风波，参考之前的宦海浮沉，也就不难解释王竑这种脾气的人——不适合处理人际关系，只适合独当一面当封疆大吏，放在地方上是大展宏图，进了朝廷中枢，就是捆住手脚。兵部尚书的任上看似风光，其实是皇帝闹心，他自己更窝心，也只能辞职落得大家自在。

能人，也需要放对位置。

传奇英雄王越

一、来自大明的男神

历代英雄众多，但能成为超级英雄，通常有几条硬标准：长得有特色，本事足够强，花边故事足够多。无论是中国民间评书里的杨家将，还是外国大片电影里拯救世界的各种金刚超人，基本都是这类型。

明朝十五世纪末的一位人物，也百分百是这类型。

以他家乡的传说，出生的时候电闪雷鸣，一声炸雷，为大明劈出来这位奇人。

这人以《明史》里的话说，就是"相貌奇伟"，其武功很厉害，能拉开三百斤强弓，还是个根正苗红的文官出身：不但有进士功名，更是十五世纪的文化大师——几乎后世所有文学史研究者都一致认为，他的诗词文章，对于整个明代文学的转型有着里程碑意义。

要论起一生功业，他更是显耀到书写历史：北方嚣张的鞑靼骑兵，曾被他反复吊打，去世的时候，亲自为他抬棺护送回乡的官员，是后来一代圣人王阳明。王阳明那多谋近妖的军事才能，用王阳明自己的话说，就是被这位奇人在天之灵托梦，耳提面命教育出来的。

但这位人生几乎浓缩了所有劲爆元素的男神，放在今天却更有奇葩一景：其家乡淇县相邻的浚县，当地的民间戏台上，但凡有大坏蛋角色，几乎都是他。一代代当地文艺工作者前仆后继编着戏文骂他，以当地老人的说法，他是大坏蛋这一传统观念，已经在这里世代相传五百年。

这位奇特人物，正是明朝成化至弘治年间的大明第一战神，王越。

二、草根男神的奋斗

明朝的政坛大佬们，苦出身的极多，王越在其中是极草根的一个。王越，字世昌，宣德元年出生在河南浚县钜桥镇冈坡村一户农民家庭。大多数穷人家出来的读书郎，都十分辛苦十分忙碌，但王越却有更不一样的一条。照着明朝笔记作家黄暐的说法，就是天赐福贵：明明是个贫农子弟，却出落得相貌俊朗。天赋更好，哪怕家里穷，也要想方设法找书读，刻苦聪明的表现很快在当地远扬。

王越的优秀表现，也改变了自己的读书条件。在县学里得到重点培养，对浚县家乡的这份恩情，终其一生，他都铭记于心，但凡有绵薄之力，都会全力回报。

即使与那些后来名扬天下的神童相比，王越也有一个特殊之处——理想。

用王越自己的话说，还是个穷苦农家子弟的时候，他最常读的就是关于靖康之耻的历史。后来他名满天下，还与部下说起，自己这辈子最怀念的就是农家子弟时胸膛里的那一股热血。

苦学的王越，也陆续收到好回报。科举道路如惨烈选秀，但他每次都精彩一次过：乡试第三，会试第三十三。照《庆余录》里的说法，他的考卷写得激情四射，棱角分明。据说几个考官看过，都清一色地冒冷汗。

最光芒四射的表现，在景泰二年的殿试上：王越走笔如飞刚写完，谁知一阵狂风刮过，竟把试卷刮得无影无踪。但王越十分平静，重新火速答完。就这么个紧急应对，竟也考取了二甲进士。

更奇特的情景是《罪惟录》里的记录：几个月后朝鲜使团来访，说我们国家飞过来一张试卷，是你们一个叫王越的考生的。我们国王说这就是来自中国的文曲星，现在已经给供起来了……

在朝廷眼里，看到的是一种极有前途的品质：这个二十五岁中榜的年轻人，竟有这样深沉冷静的心智。虽然成绩只是二甲，却必定极有前途。

带着这则奇闻和无数的好评，王越进入官场，先在陕西和浙江做了监察御史，开始进化成杀神，风风火火整顿贪腐，弹劾了一批腐败分子。

这段冲动是魔鬼的日子，对王越来说，印象十分深刻。饱受攻击的王越，在二十七岁那年，由于父亲的去世而丁忧回家。之后三年的丁忧生活里，他写了很多诗，大体意思都是官场水太深，实在干不动，还是在家好。不知道的，还以为这是个退休老干部。

然而抛却这些失落中的牢骚，王越写得最多的还是边塞诗，始终不曾丢的，还是胸中那一腔热血。

不但不忘，他还一直在用各种手段去实现这个梦想。

三、青云直上

等到天顺元年（1457），王越丁忧期满重新为官的时候，水平已经完全升级。这个昔日愤怒的青年，现在处理人际关系十分成功。无论是狡诈铁腕的都察院左都御史寇深，还是潜力股礼部侍郎李贤，都和他相处得极好。尤其是后者，更是长期铁杆。

在铁杆的关照下，王越一年连升三级，当了山东按察司。到天顺七年春，河套草原的鞑靼部落持续入侵大同，大同损失惨重，好脾气的明英宗也忍够了。为了保证自己不再被抓到草原啃羊肉，大同巡抚必须换人。

关键时刻，王越的老朋友李贤终于挺身而出，说出了那句从此改变王越一生命运的话——越可为之。

然后就是明英宗亲自把关，王越举手投足英姿飒爽，按照许多笔记的说法，因为太过光彩照人，以至于退下的时候，明英宗还盯着他的背影痴痴看了半天。明朝大臣尹直暗地里吐槽：朝廷用人，多取仪表。

皇帝满意，盟友力挺，王越正式接管大同巡抚。到任之后他更证明，他不止有美丽，更有实力。他到任后大刀阔斧地把新的骑兵部队组建起来，先前被鞑靼骑兵虐得不成样子的大同，这下又成了铁壁防线。

三年后，即成化三年（1467），王越的好友李贤已经是内阁首辅，再次关照了王越：王越受命赞理抚宁侯朱永，发动对河套鞑靼部落的征讨。这是奋斗了多年的王越第一次来到距离梦想最近的地方：疆场。

王越担当了这个重任，成了这支明朝大军的参谋长。但等到他真正上任，才知道这是一个多大的坑。

当时朝野的大佬们都很难想象明朝的军队已经退化成了什么样子，而更大的挑战，却是王越搭档的领导。

大明那时的军事主官大多是勋贵子弟。这帮人祖上是狮子，这一代基本是肥羊。王越摊上的朱永，更是肥羊中的懒羊羊。等朱永上战场，吃了几个小败仗，就干脆当起甩手掌柜，让王越想办法。

对这种平时不干事，遇事躲得快的渣男行为，王越的态度，用他自己回忆录里的意思讲，是特别兴奋——立刻二话不说，接管了所有的工作。

他干的第一件事，就是继续糊弄：妙笔生花地汇报战事，败得再惨，也能挖出可歌可泣的故事，把朝野上的爱国人士感动一把。

但主帅朱永的犯二水平，也在继续升级：一次带兵出巡，刚好和鞑靼兵遭遇，吓得朱永哆哆嗦嗦在马上不敢动。幸亏王越及时出手，先射杀了一个鞑靼兵，然后命令部队排成战斗阵型和敌人对峙，才把鞑靼兵吓退了。

经过这次考验，朱永彻底丧胆了，王越轻轻松松地接管了所有大权。在朱永眼里唯恐避之不及的烂摊子，成了王越大展拳脚的平台。

随后的王越也做出了正确的抉择：大军分散部署，大量修筑堡垒，囤积火器物资，鞑靼兵碰了几次壁后，再集结兵力借机反击，先后在镇羌寨等地打了几个胜仗，也让朝廷很高兴。

但饶是王越再会糊弄，最后也糊弄不下去了。眼看朝廷花钱如流水却战果惨淡，雪片般的奏折立刻飞来，把明军从态度到战斗力轮番骂了个遍。一直糊弄的王越也再次不幸中靶。这次是结结实实地背锅。

但王越却一直在默默地干事：精心选拔精壮士兵，重新组建精锐的骑兵军团。这些得罪人的事，靠着他良好的糊弄与背锅做法，明军松散的战斗力被他重新整合成一只强力的拳头。

成化九年九月，打出去的时候到了！

这年九月，王越得到了一条价值千金的线报：鞑靼可汗满都鲁正集结兵力，准备对甘肃发起侵扰，而他的老窝红盐池，却正兵力空虚。在反复判定情报无误后，王越果断拍板——打！

参与这次行动的是王越亲自率领的五千精锐，这是六年窝囊中王越苦心练成的一批好兵。大军高速行进八百里，还没瞧见敌人的影子，就先遇到了大风暴：深夜草原上突然狂风大作，刮得人都看不见东西。继续前进？还是后退？

这时候，一个军中老兵站出来说，这是上天在帮助我们，乘着大风攻击，必然可以获得大捷。

听到这话的王越，做出了一个出人意料的举动。在猎猎大风中，他果断下马，郑重地向这个老兵行礼，然后公开宣布：从现在起，你就是千户。

士气爆满的明军，就这样强硬地穿越暴烈的飓风，风卷残云一般，杀入了毫无防备的红盐池。

猝不及防的鞑靼军顿时崩溃。这个被鞑靼军多次用来南侵的大本营，这次被王越彻底捣毁。之后的情景，就是蒙古国史书里常说的一幕：满都海的大军在悲情的号啕后，渡河撤出了河套平原。

然而大胜换来的，却是铺天盖地的口水。被打了脸的朝中愤青们，对王越的攻击变本加厉。这就是屁股决定脑袋了。当时王越的老友李贤过世，高层文官洗牌，有些人也就想着挪地方了。王越的反应也很快，虽然明宪宗嘉奖他，还给了他一个前所未有的官职——三边总制，但其中的味道，他很快品出来，立刻上奏请求回京。果然明宪宗很高兴，不但立刻收回他的兵权，还给他涨了一级工资，让他回都察院当都御史了。

虽说这待遇也不差，可王越的心里，到底还是憋屈：出来这几年，朝中都换人了，内阁和兵部全都是生人。想再回去打仗，看来是格外难。事情的严重性王越自己也知道，临走前交接工作，和部将们依依惜别，弄得那些大大咧咧的汉子哭声一片。

这时他原先部下的一个小兵却给他牵来另一条线：不难，你找他就行。

这条线，便是电影《龙门飞甲》中田公公的原型——明朝权阉汪直。

四、草原战神

一个文武双全的男神，一个蝇营狗苟的权阉，王越和汪直，本来没啥交集，又是怎么凑到一块去的？

直接起作用的，是王越昔日麾下的小兵，后来调到京城，在汪直身边任亲信的韦英。他主动给两边搭桥，帮着建立了联系。

汪直当时是执掌西厂的特务头子、明宪宗宠爱的心腹，坑害起大臣来更心狠手辣，出名的飞扬跋扈，年纪轻轻，就拉了一堆仇恨。

对王越这位男神，汪直却仰慕已久。他知道这个文臣手段厉害，擅长练兵，多么野蛮凶悍的人物，都能被他治得服服帖帖。

最令汪直动心的是王越麾下战士们那打了鸡血一样的战斗力。相关的精彩战例，早被韦英绘声绘色地讲述过很多遍。他更惊讶地发现，这位文臣中的奇葩，竟和自己有相同的理想——建功沙场。

等到亲切会面，两位迅速来电：王越早把这家伙研究个透，知道这个传说中爱钱的大贪，骨子里最爱的是面子，于是见面就彬彬有礼，甚至还不顾尊严，行起了跪拜礼。这一下就把汪直感动得不行：好好干，兄弟挺你。

这关系一牢靠，王越从此官运亨通，到成化十三年，既是太子太保，还担任兵部尚书，更挂着都察院左都御史的名号，顺手还提督御林军，风光无限。

同样有立功沙场愿望的汪直，也和王越密切配合，由王越提督军务，汪直监军。哥俩联手提兵北上，成为鞑靼人不可逾越的屏障。

王越人生中最有深远意义的一战，在成化十六年：该年鞑靼渡过黄河，意图侵占河套，王越率领两万精锐奋然迎战，而在兵临大同的时候，却突然获得意外情报：鞑靼可汗的老窝在威宁河子，也就是今天的绥远兴和县。

一如当年袭击红盐池一样，王越再次做出了果断的抉择，全军改道，抄鞑靼可汗的老窝！

此时正是风雪漫天的严冬，暴烈的风雪席卷了整个草原，这是比当年奔袭红盐池更恶劣的战斗条件。而且敌人兵力如何，装备如何，毫无准确信息。这是一次百分百的冒险。

但和王越一样，这支早被王越苦心摔打出的明军，没有半点儿犹豫。军队的将领们，平素都是些桀骜不驯的刺头，却早在常年相处中对这位统帅百分百折服。勇敢的士兵们则跟随他经历过多次浴血厮杀，从没有一次输过。他们早已坚定地相信，追随这个人，也许会失去生命，却永远不会失去值得用生命去换取的东西：军人的荣誉与胜利。

以坚定的忍耐和一往无前的勇气，洪武、永乐时代大明铁骑铁血的精神，在王越的麾下彻底苏醒：穿过苦寒的风雪，明军以悄无声息的速度顺利完成了对鞑靼军的合围，惨烈的总攻打响了，就连王越都想不到，他这次面对的是一个怎样传奇的对手。

这时盘踞威宁海子的，正是鞑靼可汗巴图蒙克夫妇，虽说这位"可汗"此时只有六岁，但他二十六岁的老婆却是今天蒙古国依然传颂不已的女神级英雄满都海。此女子武艺高强，用兵灵活，一度在草原上战无不胜，相关美丽传说，更如天上繁星般灿烂。

而她与王越之间，更是极有渊源：红盐池大战中被王越痛打的满都鲁正是她的前夫。这次改了嫁，却再次触到对头。

战斗打响后，精锐的鞑靼骑兵虽然反应迅速，但王越对骑兵的指挥早已到了得心应手的地步，迅速将猝不及防的鞑靼军冲得七零八落。据一些台湾学者考证，明军在此战中甚至还动用了一种由战马驮运，可以快速拆装的火器战车，战斗中火力轰鸣，彻底将鞑靼军打垮。这种说法若成真，那比起欧洲最早的古斯塔夫骑炮兵战术，王越也足足领先了二百年。

这个说法有待商榷，但使鞑靼军陷入火海，却是实打实的事实。

败局已定的时候，面对明军汹涌的总攻，满都海——这位草原传奇女子，演绎出她生命中最后一段传奇：她命令部下亲兵，火速将六岁的"丈夫"送走，自己则带领残余部队发起了最后一次悲壮的冲击，并在明军的攻击下毙命。

威宁海子大捷，就这样以王越的完胜而落幕。在清朝人编修的《明史》中，对明军这次的战果做了最大程度的缩水。就连与明军交战的鞑靼部落，也不知所云地换成了亦思马因太师。还是蒙古国的史料给正了名：被王越痛击的，正是成吉思汗的直系传人，黄金家族可汗巴图蒙克及其妻子满都海。

明朝当时的反应当然是十分高兴。王越个人的荣耀，也到了人生顶点，受封威宁伯。这是明朝自朱元璋时代后仅有的三次文臣封爵的事件之一。当然风光之中也不是没有遗憾的，由于巴图蒙克的逃脱，明朝最接近活捉蒙古可汗的机会就这样不幸错失。

但这一战对于明朝北部边防意义却相当重大：本来在巴图蒙克夫妇的兼并

下,蒙古草原眼看就要结束四分五裂的局面。一个瓦剌也先之后再次统一的强大草原政权就要崛起于大明北边,却被王越一箭穿心,再度打零散了。

但战功卓著的王越,由于和汪直的特殊关系,却也从此名声尽毁。士大夫中间非议他的从来就不少,甚至还出了雷人一幕:明宪宗在宫里看戏的时候,一个叫阿丑的戏子,也借着演出的机会吐槽,皇上手里有两支钺,一只叫王越,一只叫陈钺。

陈钺确实是汪直的十足走狗,替他干了很多坏事。但王越却完全不同,他结好汪直,只是为了能得到支持,放开手脚保家卫国。汪公公干过的坏事,他真从没掺和。非但没掺和,还见缝插针做好事。汪直要坑死直臣强珍,王越知道后二话不说,命令亲信部下许进去劫人,硬是在流放途中把人给抢回来了。事后汪直出于共同利益,咬牙捏着鼻子认了。

但清流们却不管这些,威宁海子大捷后第三年,汪直由于意外犯错,失去了明宪宗的宠信,给打发到南京养老去了。王越也惨被株连,随即被免去一切职务,发配到湖北安陆监视居住。

其实对王越的才能,当时的明宪宗是认账的。以他自己的评价,王越论军事才能,不在卫青、霍去病之下,论文学才能,更不在范仲淹、韩琦之下,堪称文武双全的牛人。

可能耐大的人,若是和失宠宦官勾结做坏事,风险才叫大。能落个被监视居住的下场,也算是万幸了。

但这个打击对王越本人却依旧十分沉痛。据说刚接到圣旨的时候,他还想着自杀明志,还是他一手提拔过的大臣屠庸劝他,说你要真这么死了,可就铁案难翻了,王越这才咬牙继续活着。此后的很多年里,被软禁的王越,只在反反复复干一件事——写信喊冤。

就在王越不停喊冤的时候,北方的对手再次质变:在威宁海子逃脱的小可汗巴图蒙克,迅速脱胎换骨,成为草原上又一位横扫四方的青年统帅。他不但延续了蒙古黄金家族可汗的法统，继瓦剌也先之后再度统一草原，被蒙古称为"达延可汗"，更在明朝有了个恐怖的称号——小王子。

到了明宪宗过世，明孝宗继位的弘治年间，小王子的破坏力大到了空前：先打死了甘肃都督许钦，而后大举入侵大同，一路联营二十里，沿途明军竟远远躲避。

当然在他心中，最盼望打败的还是与他有杀妻死仇的王越。

五、最后的绝唱

自从明孝宗朱佑樘登基后，小王子就没断了折腾。为教训这个凶悍的家伙，明孝宗全国海选，北方边将轮流上，谁知却是上去一个，就被胖揍一个。长城沿线的战火，常年连绵不断。

就在明孝宗急得没招的时候，当年由王越慧眼识英提拔，此时已官至吏部尚书的屠庸，总算说了句良心话：用王越吧。

作为开创"弘治中兴"的一代明君，明孝宗也是个明白人，立刻果断同意：弘治十年十月，王越终于官复原职，回任三边总制，成为执掌延绥、宁夏、甘肃三省军政的封疆大吏。

但这次刚上任，就招来骂声一片。本来明朝在这事上还弄了次全国选拔，一共推荐了四个人。但屠庸一句话，明孝宗立刻变卦，先前的选拔全推翻，用了个从没进候选名单的王越。如此暗箱操作，自然是集体不服。于是到任后的王越，啥事还没干，就被许多言官追着骂。

在任没一个月，老对头小王子就杀来了。二十四岁的他，等这一战，已经足足十八年了。而王越，此时已是七十二岁高龄。

这次鞑靼人采取的是规模空前的侵扰，其骑兵也不再是过往的散兵游勇，而是纪律性极强、战术十分灵活，比成化年间的战斗力完全提高了一个等级。

这次的小王子更是咬牙切齿，像一个擂台上红着眼睛要报仇的愣头青一样，兵分多路，在西北各省来回出没，多地遭遇烧杀，边关一片战火。

但王越的反应却十分窝囊，管你怎么打，我就是不动，而且下令紧锁城关，收缩防御，擅自出战就要论罪。

这窝囊态度更叫群臣找到了理由，朝堂上口水乱飞，天天都在喷。连举荐王越的屠庸在回家的路上都有言官追着一路狂喷。

正当大臣们热情高涨、喷到七月末的时候，一个炸雷般的消息再次震撼了京城：贺兰山大捷！

作为一个深谋远虑的老军事家，王越当然知道小王子要干什么。神出鬼没的袭扰是虚招，把自己引出来打才是目的。叫对手牵着鼻子走，那就不是王越了。一拳捣中对手的鼻子，才是王越的真水平。

经过缜密的侦查和判断，在闹哄哄的乱象中，王越果断捕捉到了小王子的要害：贺兰山。七月十五日，明军全体出动。这是一次漂亮的四路围袭战，前三路先以不同的方向迷惑小王子，然后在路途中央突然转向，完成对小王子的合围，而第四路则由王越亲自带着，直接进行攻坚。七十二岁高龄的王越依然如壮年时一样，最难打的仗冲在最前面。

这场战斗的效果堪称摧枯拉朽，牛气冲天的小王子再次遭受狠狠一击，只好带着亲兵们仓皇逃窜。

贺兰山大战成为一生横扫四方的小王子少有的一次惨败。缔造辉煌经济文明成就的弘治中兴，也正是因为王越这一战而有了保障，政治、军事意义，都是无比深远。

但唯独没有改变的，却是王越的处境。捷报刚传来，把一群清流打了脸，不久之后，宫内宦官李广病故，又牵出了他和王越勾结的猛料。这下群臣们来了精神，继续连篇累牍大骂。

可远在边关的王越,却已在之前的那一场战斗中耗尽了全部的精力,连辩白的力气也不再有。弘治十一年十二月一日,他病故于甘肃张掖任上,享年七十三岁。

对于他的过世,明王朝表达了极大的痛惜,明孝宗专门为他辍朝一日。这是明朝三百年间,文臣难得获得的荣宠。后来的大圣人王阳明,亲自主持了他的葬礼,其子孙也得以荫补官职。该给的荣誉,算是都给了。

他辉煌的一生,也成为明代的传奇。以《明史》里的话说,王越活着的时候,大家都热衷骂他的缺点毛病,直到王越过世之后,继任的边将水平比他差得远,这才越发明白,曾经有一个多么优秀的王越,活跃在大明的舞台上。

除了影响深远的文学成就外,他的各种光辉事迹,也在明代文人的笔下广为记录。嘉靖年间的畅销小说《伟人传》,正是以他为主人公。明末清初的国学大家钱谦益,对他的诗文更爱不释手。甚至清军破城,这家伙摆姿态说要殉难时,还不忘吟诵王越的诗歌打气。当然钱大师最后殉难没胆,转眼就投了降,真是玷污了王越的英名。

明武宗亲征鞑靼,到底是赢是输?

明朝"昏君"不少,"昏"出喜感的一位,就是明武宗朱厚照。

清代以来的学者们公认,这位帝王的十五年执政生涯,那是槽点多多:前期宠信刘瑾，闹出宦官专权；后期又四处巡游，闹得劳民伤财。十五年的岁月里，几乎没一天是消停的。如此人物，哪怕放在"中国古代昏君榜"上，也是挂了号的。

但这位皇帝，真的就完全不堪？其实，同样是明代史料记载的，正是这"昏君"在位时期，明王朝的财政储备大多数时间相当充足，甚至还多次减免民间田赋。东南沿海的贸易，也是在明武宗时代有了长足的发展，虽说"海禁"的祖制依然不能触碰，但是在明武宗的"放手"下，广东、福建各省也都有了各自的海外贸易条令，大批商船开出国门，贸易红红火火。那时造访亚洲的葡萄牙人，都亲眼见证了当时的盛况。

可以说，在这位帝王的一生里，吃喝玩乐的背后，却也有着许多重要的治国改革构想，并以他的方式来践行着。对于他一生的功过，其实很多事情都需要从客观的角度重新思考。

同样值得思考的，还有他在位时期的另一个"雷事"——亲征鞑靼。

这件事，放在清代的野史里，都成了著名的雷点，几乎动不动就要拿来说两句。就连金庸老先生的《鹿鼎记》里，还借康熙之口，嘲笑"明武宗亲征鞑靼打败仗"。哪怕在现代许多学者的研究里，这一战也一无是处。事实是否真是如此？

不妨抛开偏见，细看一番这场亲征鞑靼的大战：应州之战。

正德十二年（1517）十月的应州之战，在《明实录》里被反复狠批：明朝荒唐皇帝明武宗朱厚照，不顾群臣的劝阻，非要去边境耍威风，竟带着大军出塞与鞑靼人作战。

结果打了整整一天，害得明军阵亡五十二人伤二百五十六人，却只打死了十六个鞑靼兵，御驾亲征的明武宗本人也差点儿被鞑靼军抓了俘虏，险些复制土木堡惨败。

明朝灭亡后，这场《明实录》里的"荒唐败仗"，更被千人踩万人捶，用以形容明武宗的"荒唐昏庸"。

但是，如果客观看待相关史料的话，就可以确定一个事实：《明实录》关于此战的记载，其实错得离谱。

《明实录》首先记载错误的就是应州之战的起因：这绝非明武宗荒废朝政的胡闹之举，而是关乎明朝国防安全的重要战略抉择。应州之战前夕，恰是北方鞑靼实力空前强大、明朝边防危机无比严重的时刻。

明武宗登基后的正德年间，北方草原发生剧变，鞑靼达延可汗强势崛起，陆续扫平各个部落，到十六世纪初叶时，已基本统一蒙古草原。于是从明武宗登基起，满血升级的鞑靼骑兵就在达延可汗的指挥下疯狂入侵，单正德十一年这一年，就以数万兵力对蓟州发起两次侵扰，前锋一度抵达白河口。大明都城的国防安全已是十分危急。

倘若明王朝对这样的局面视而不见，那么都城北京被鞑靼兵劫掠吊打，将只是时间问题。正因如此，明武宗朱厚照才做出了坚定的抉择：出兵塞外，与达延汗的精锐硬碰硬地打一场。

可笑的是，比起明武宗的坚决选择，当时明朝朝堂上许多号称"精英"的文官却对这严峻局势毫无察觉。比如给事中黄钟就振振有词，说什么鞑靼现在是衰弱阶段，每年边境上都只是小冲突，明武宗这样做是劳民伤财。年年边境人口被杀掠，是他嘴里的小冲突，空前统一的鞑靼在他眼里是衰弱阶段，这类论调，后来也被《明实录》照收，当作了明武宗的罪状。

比这条错得更严重的，就是《明实录》对应州之战进程的记载。应州之战，绝非明武宗头脑发热，在没做好准备的情况下拉出军队胡乱打一场。相反从一开始，其实就做了最缜密的准备。

以明朝边臣王琼的《晋溪本兵敷奏》记载，正德十二年六月时，明朝就通过各种内应渠道，掌握了达延汗将在秋天入寇山西的情报。是年七月，明武宗往山西前线拨银四十万两，外加二十八万石战备军粮。应州大战前夜，又往宣府拨款一百万两。各边镇军队也陆续集结，京城留守部队完成换防，明武宗则亲自坐镇阳和，几乎是绞尽脑汁筹备这场大战。

正德十二年十月，当自信满满的达延汗气势汹汹地城分道入侵时，明武宗的口袋早已扎好。镇守大同的王勋等部分四路浴血迎击，驻守聚落城的萧滓和驻守天城的时春受命出兵，配合王勋作战，威远城的朱銮和大同右卫参将麻循，也迂回到鞑靼军后方。

双方首先在绣女村鏖战一天，次日又在五里寨大战，第三日，明军各部会师后主动进击到涧子村，却被老辣的达延汗反扑包围，就在这战局恶化的时刻，明武宗亲率大军杀到了。

前面三天的恶战，只是在不停地放钓饵，诱引达延汗集结主力。这一刻，才是明武宗率主力总攻的时刻。

决战开始了。当部将们拦住要亲身冲锋的明武宗时，这位二十七岁的青年帝王却是朗声一笑后挥鞭猛冲，一下冲乱鞑靼军的包围圈，双方再度陷入对峙。第四天的大战则是进入白热化，双方反复冲杀上百回合，已经陷入多日苦战的达延汗终于难以支撑，在第五日清晨狼狈撤退，被明武宗乘胜追击，一直追杀到朔州地区。

这场大战，是为十六世纪明军对鞑靼的一场大捷——应州大捷。

但明武宗去世后，继位的明世宗嘉靖帝为了证明自己皇位的合法性，也在修实录时对明武宗大为抹黑。明军将士浴血的应州大捷就成了"明军死五十二人，鞑靼军死十六人"的奇特样子。参考五天血战的规模，就知道这番描述存在严重问题。

最能证明这个记载错误的，就是这场战争的后果，应州大战后，之前一直嚣张的达延汗，在抹黑此战的《明实录》里留下了"不敢深入"的记载。狼烟四起的明朝边陲，一度只剩了零星侵扰，事实证明，这是一场明武宗亲自策动的打出大明边陲多年和平的大捷。

嘉靖皇帝在《明实录》里极力抹黑此战，可他在位的四十五年，却是明朝北部边防严重败坏的时期，曾被明武宗打得"不敢深入"的鞑靼人竟一度打到北京城下，到处烧杀抢掠，而嘉靖年间的明军却吓得一枪不放，只是"礼送"鞑靼人离开。

如果不是有戚继光、张居正等文武英才，大明朝就要被"南倭北虏"的局面活活困死。嘲笑明武宗？最没资格的就是嘉靖。

这鲜明的对比，证明的不是哪个皇帝的优劣，而是一个国家安全的实在道理——忘战必危。

明朝高颜值"阉党"，临死拉全国贪官垫背

明英宗统治年间，大明官场上多了句俗话：朝廷用人，多取仪表。也就是升官看颜值。明朝中期以后的各路名臣们，比如揍鞑靼的王越、闹贪污的严嵩、抓改革的张居正，清一色是美男子。套周星驰电影里的常用台词来说，都是"才华美貌集于一身"的牛人。

但其中有一位堪称最为奇葩：身为明朝正德年间才华横溢的美男子，却心甘情愿上了权阉的贼船，但在落到罪有应得的下场后，却又叫许多明朝名臣学者念念不忘：此人作恶多端的人生里，偏歪打正着留下一桩功劳，成了明王朝接下来治国安民的神器。论起明朝中期的几段盛世，这位帅帅的坏人，着实功劳不小。

如此坏到奇葩的美男子，就是明朝正德年间的政坛强人：张彩。

一、曾是青年才俊

张彩，字尚质，景泰五年（1454）出生于陕西定西一个普通的官宦家庭，作为家中长子，一心往科举路闯，闯到三十六岁（弘治三年）才考取进士，却也只是个二甲六十九名，分到吏部做了主事。除了"白皙修伟"的好相貌，其他都非常普通。但这普通的青年却早早心怀一个不普通的大梦想——位极人臣！

为了这个梦想，进了仕途的张彩卖力巴结顶头上司吏部尚书马文升，对这个弘治年间出名脾气硬为官清的能臣投其所好，别人几十天办不好的事，甩锅给张彩后经常三五天就办妥。他也果然获得马文升力捧，没几年官升文选司郎中，然后在这个人人羡慕的肥缺上多年如一日拒绝贿赂，甚至还因此被言官刘郯诬告，惹得马文升等老臣纷纷声援，成了朝野称颂的廉政标兵。

更叫朝中老臣们无比欣赏的还有张彩多才多艺的本事。别看他八股文写得差，文韬武略却绝不差，还常热心建言国事，连边关军备都门清。他几次犀利评点国防军备，让许多久经沙场的老将都深深折服。比如他被刘郯诬陷时，手握重兵的三边总督杨一清就隔空喊话：张彩在吏部干不下去正好，来边关接我的班得了。

就这样，入仕十来年的张彩，凭着各方面的爆表表现，成了领导喜欢、下属仰慕的男神人物。但就在声望一片火热间，正德元年时，岁数奔五的张彩却忽见晴天霹雳：新皇帝登基，出手就是官场大清洗，昔日用心栽培自己的老领导马文升悲情罢官，大太监刘瑾骤然蹿红把持大权。自己苦苦经营的大好前程，岂不是要付之东流？

深受刺激的张彩，在经过痛定思痛后，终于做出一个改变人生命运甚至形象的重大决定——再也不能这样活。

于是，当刚刚踩着一群文官爬上高位的刘瑾得意扬扬回府时，却见一身盛装打扮的张彩优雅地登门拜访。喜得刘瑾当场蹿上前抓住张彩的手："子神人也，我何以得遇子！"

遇见你，是老天对我的眷顾！

这番深情表白后，刘瑾的办事效率也是奇高，之后短短一年里，就给张彩来了六次提拔。简直火箭速度般，张彩就从郎官升为手握明王朝人事大权的吏部尚书。曾经贵为京城青年官员学子偶像的张彩，就这样摇身一变，成为凶残阉党的核心骨干。

二、明朝顶级流氓

刘瑾如此重用张彩，难道只是一见钟情？事实证明，多亏他认识了张彩。

这段时期，就是明代著名的"刘瑾专权"时期：新登基的正德帝喜好玩乐，国务全甩给刘瑾，刘瑾趁机兴风作浪，京城内外特务乱窜，许多忠臣良将惨遭恶治，全国上下闹得乌烟瘴气。最关键的几件事，都是张彩替他办到的。

多年从事吏部工作的张彩，对明朝文官集团的内部纷争早就烂熟于心。有他出谋划策，刘瑾果然如鱼得水，几个月间连拉带打，把京城各大衙门整得七荤八素。而且为了方便整人，张彩还弄出了严格的官员考核标准，专用打击异己。这些标准多年后被名臣张居正认真学习，许多原样抄进了《考成法》里。

除了大扫荡外，张彩还擅长"攻堡垒"，比如对付兵部尚书许进。此人不但是刘瑾政敌，更是为明朝收复西北失地的大英雄，正德帝做太子时就对他佩服有加。这么个叫刘瑾无奈的硬骨头，张彩却轻松编造了几条罪名，全是有鼻子有眼且犯了正德帝忌讳的，果然叫正德帝气得下了诏书，直接勒令许进退休回家。

这几下漂亮动作后，刘瑾对张彩恨不得一天都不离开。甚至每当官员们去刘瑾家请示工作时，经常是一群高官在刘瑾客厅里站到头晕眼花，才看到刘瑾和张彩打着酒嗝哈哈大笑从内室里手拉手出来。这俩人的关系，就是这么臭味相投。

当然，放在凶残贪婪的刘瑾身上，张彩跟他，论起办坏事来，更是互补类型。比如卖官鬻爵，虽说是刘瑾想赚钱，可经营模式全是张彩创办的，中央地方大小官职明码标价，就连"立刻当官"与"等几个月当官"都有不同的价码，轻松就叫刘瑾财源滚滚。但和爱财如命的刘瑾比起来，张彩的独家爱好却叫刘瑾惭愧——好色。

大权在手之后，曾经好形象的张彩，荒淫好色的本色也暴露出来，风格更是突破尺度——就喜欢同僚下属的妻妾。抚州知府刘介来求官，他听说刘介家的小妾漂亮，没收钱就给刘介升了官，然后笑嘻嘻进了刘介家内室，大摇大摆牵走了人家的小妾。平阳知府张恕，就因小妾被张彩看上，结果惨遭张彩罗织罪名下狱，赶紧献出自家小妾才得以保命。比起刘瑾为了索贿能把穷官逼迫自杀的狠劲，这二人还真是"一家人"。

不过，别看沉溺于女色，张彩的脑筋却很清楚——自己的威风，来自依附刘瑾。刘瑾要想权力稳固，除了排斥异己外，还必须干几件叫正德帝高兴的好事。于是眼看刘瑾越闹越不像话，张彩决定劝刘瑾做个好事——反腐败。

三、功过如何评说

作为明朝头号巨贪刘瑾的心腹，张彩能说动刘瑾主动反腐败吗？

一次闲谈的机会，张彩郑重劝刘瑾：你平日叫地方官年年给你送钱，可这些钱他们不会自己掏腰包，反而是打着你的旗号朝老百姓横征暴敛。收来的钱他们拿大头，只分你一丁点儿。你说你这么收钱傻不傻？一番话叫刘瑾大怒，正德四年这一年，就把所有来送钱的倒霉蛋组团抓了。

打响了这第一炮后，刘瑾反贪立功的瘾头也上来了，张彩再接再厉，给刘瑾设计了另一大招——查盘！针对各地府库亏空的情况，派遣专人深度盘查，但凡发现贪腐行为，一律由贪污犯负责赔偿。不到一年光景，就给朝廷追回了之前八年的亏空，许多贪污犯更是家破人亡这堪称刘瑾专权时代，难得的一件利国利民的大好事。

但张彩万万没想到的是，整完了亏空的刘瑾，竟然不顾张彩反对，打算整顿军屯。可正如张彩所料，军屯哪有这么容易整顿？反而激出了安化王叛乱。待到平叛结束后，呼风唤雨的刘瑾，被政敌张永和杨一清捏住了把柄，落得被正德帝清算，拉到刑场活剐而死。一代权阉，就此倒台。

作为心腹的张彩呢？刘瑾落马后他也被关进牢狱，然后不停地在牢狱中给自己喊冤，最后病故在狱中，时年五十六岁。曾经风光无限的权力强人，就此人生打住！

别看张彩的人生结束了，他生前的事迹却在之后的明朝不停闹出大动静。生前最后一年，他亲自策划的反腐风暴，几乎就把全国贪官扫了个遍，等于是给他陪绑。待到他死于牢中后，他的"查盘"反腐妙招，也从此被明王朝专用于惩治贪官。明朝隆万改革时期，高拱、张居正等名臣专门翻史料，认真学习当年张彩的经验，然后掀起朝堂大整治，治出了隆万中兴的盛世风貌。

其实，如果没有张彩当年一身盛装，朝着刘瑾的屈身一拜，以他的满身才华，纵不能位极人臣，也不至死于牢狱。人生任何错，也许都有救，可一旦三观错掉，哪怕有才如张彩，终于还是没得救。

夏言：被送上刑场的明朝首辅

一、嘉靖惹不起

执政四十五年的嘉靖帝朱厚熜，最出名的就一件事——狠！

从十五岁以外藩身份进京继位起，这位皇帝就十分强硬。最令百官怕的是腹黑：驾驭臣子似斗蛐蛐，挑着他们互掐，朝堂成了斗兽场，大小官员拉帮结派，角斗士般互撕，对骂杖责罢官之类的劲爆桥段，年年都见。

但隐藏在这恐怖形象下的，却还有另一件不出名的事：二十年突出的治国业绩。

从登基的第一天起，他的腹黑心计是一步一个脚印：国库每年存银五百万，边关一度太平安宁，战略存粮足够支用十年，商品经济高速发展，白银正式成为法定货币。

其中，最灿烂的是文化，《水浒传》和《三国演义》重见天日，《西游记》横空出世。还有书画、戏曲、科技、医疗、哲学，李时珍、李开先、徐文长，群星灿烂，阳明心学各流派更如雨后春笋般传遍大江南北。照许多欧洲历史学者的说法——这就是中国自己的文艺复兴时代。

这黄金岁月般的二十年，史称"嘉靖中兴"。在清朝人编修《明史》时，也有心悦诚服地赞叹：力除一切弊政，天下翕然称治。

之所以取得如此光辉业绩，要归功于嘉靖帝一大卓越优点：用人。凡嘉靖帝信用过的臣子，都是负责任的政治家，论起行政治国，他们都各有绝活。

其中业绩最为卓著，堪称这黄金二十年中流砥柱的厉害人物，正是夏言。

二、大明犀利哥

夏言,字公瑾,成化十八年生,江西贵溪人。

如果给这位强人取绰号,一个词最合适:犀利哥。

以这绰号说夏言,绝非形容其邋遢。恰恰相反,夏言俊朗挺拔,公认十六世纪大明颜值担当。在这"朝廷用人,多取仪表"的年代里,明明可以拼脸,夏言却偏偏拼的是性格——犀利!

夏言的父亲夏鼎是个清官,当了好几处地方官,十来岁的夏言也跟着到处辗转,遗传加耳濡目染,养成了独特性情:上课时爱针砭时弊,常把老师气跑,文社雅集中,张口就是民生疾苦且风格慷慨峻烈。其相关的诗词,多次"雷倒"一片,在中国文学史上,被后世誉为明代诗文的里程碑代表作。

正是在这忧国忧民的生活中,年轻的夏言有了自己的偶像:皋夔,即上古时期两位辅佐大舜创建治世的圣人;更有了奋斗终生的理想——匡扶社稷,忠心报国。

可等到夏言热血满满,沿着仕途狂奔时,雨雪冰霜般的现实连番袭来:三十五岁中三甲进士,正德年间先做行人后做兵科给事中,极少有领导搭理,过得十分孤独。

这是他人生痛苦磨炼的三年:埋头读书学习,民情边事样样"靡不究心",以他这时一些诗文里的意思说,他把自己看作一把锋利的匕首,耐心地打磨,等待青锋出鞘的时刻。

正德十六年,明武宗朱厚照驾崩,嘉靖帝朱厚熜登基,新皇帝屁股还没坐热,立刻收来一封夏言写来骂他的奏折:骂嘉靖帝自从登基后,工作方式严重错误,应该发挥群策群力,遇事多和内阁商量!

就在熟悉嘉靖帝的身边人都以为这个倒霉言官要被嘉靖帝恶治一顿立威时,

嘉靖帝春天般的温暖送来——嘉奖，表彰，内阁传阅奏折，集体学习！

早已炼出火眼金睛的夏言，这次拿准了嘉靖帝的心态——新皇帝初登基，正准备改革内阁制度以抓权，夏言就像给瞌睡虫送枕头般，一次小骂帮大忙！混了脸熟的夏言，也就接着获得一个特殊考验：查革冒滥，即清理明武宗驾崩后留下的这些亲兵宠臣。

其中最死硬的就是曾跟随明武宗去草原打仗的侍卫亲军。这帮骄兵悍将，连老首辅杨廷和亲自来裁，都硬裁不动。

夏言却轻松接招，上来就把死硬分子们的丑事查清楚，各个软硬兼施，然后把三千二百多悍将制伏、撵走。这硬骨头啃下来，前后精简掉十四万人，长期被财政重负所压的大明朝，这下终于长舒一口气。

松完这口气的嘉靖帝，紧接着再给夏言扔来一个大难题：清理皇庄。

比起"查革冒滥"，皇庄更是个毒瘤：皇室贵族大肆侵占土地，却没人惹得起，连嘉靖帝本人也忌惮。虽说嘉靖元年十月，派出夏言去查勘皇庄，也只是迫于舆论压力先应付下，办不办再说。

但这次夏言却偏拿鸡毛当令箭，回来就上了个《勘报皇庄疏》，强烈呼吁要以最强硬措施把这群贵族家的土地统统收回。这一顿口水好比入了炒锅，整个贵族圈都炸了，许多皇亲国戚们如凶神恶煞，纷纷表示要给夏言颜色看，没想到夏言更凶，先揪住其中的死硬分子——建昌侯张延龄。

这位明武宗的亲娘舅，这次真倒了血霉，被夏言咬住猛打，从小到大的丑事都揪出来，吓得门都不敢出。清理行动立刻一马平川：总共清出庄田二十万九百顷，被公认为张居正变法之前大明成果最显赫的土地清理行动。

这件事一办好，直接给大明朝开源输血。嘉靖年间头二十年的经济繁荣，就是这次大整顿打好的基础。

以这犀利的工作作风，锋锐夺目的夏言也一下声名鹊起，但令人奇怪的只一样：升官难。之后几年里，眼看许多比自己入仕晚的都跑在自己前面去，问题到底出在哪儿？

其实夏言早知道问题缘由，但解决这个问题的决心直到嘉靖九年才下定：议礼！

三、朝堂连番斗

议礼，即嘉靖帝登基初期，为争父亲名分发动的大礼议之争。其间不同政见的朝臣们卷袖子互掐十多年，上百官员落马，堪称明朝开国以来一次剧烈的朝堂地震。

对于此事，夏言本无兴趣，一直能躲就躲，可日久天长才明白一个现实：只有这件事站对立场，才有升迁机会。

这事说好听了是站立场，说不好听就是逢迎拍马。而且这个马屁绝对高难度，除了要懂礼制，还要面对内阁大学士张璁这类宠臣的嫉妒陷害，风险极大。但九年郁郁不得志令夏言终于下了决心：拍！

嘉靖九年二月，夏言破天荒地上奏，请求改革祭祀制度，实行天地分祭。嘉靖帝真是既喜且惊：你都掺和这事了，还掺和得这么专业！人才啊！

夏言半死不活的仕途，这下好比黑马股票，一路看涨。夏言先受命督造祭坛，后又负责主持经筵，名气也唰唰看涨。

但此时位高权重的大学士张璁却是气炸了肺！

张璁和夏言，其实相似的地方很多，都有经世济民的大抱负。"嘉靖中兴"的诸多国策，许多都是他独创，以多年后铁腕阁老张居正的评价：心仪而瘫之赞叹。

但这么强大的人物，气量却极小。正德年间算计掉权阉刘瑾的名臣杨一清，一个不留神被张璁排挤后活活气死。夏言招惹的就是这么个恐怖对手。

自此以后，张璁就屡放大招，发动言官围攻，挖地三尺般罗织罪名，组合拳般猛攻，却是碰得骨断筋折。派去骂夏言的言官，都被夏言骂得满脸开花，提到夏言的名字，就像见了猛兽般。

一边自卫反击的同时，夏言的工作也没落下，拍马屁的技术含量竟然也秒杀张璁：除了祭祀典章样样强，还擅长写青词，也就是嘉靖帝修道时祭天的祭文，这个独特题材，整个大明朝就属夏言强。

夏言这下拍得嘉靖帝心花怒放：每次给嘉靖帝讲课都被留下吃饭，感情关系迅速进入蜜月期。

到了嘉靖十年时，虽说张璁依然是内阁大学士，但稍有脑筋的同僚都看出来：张璁斗夏言，已经输定了，留给张璁的时间不多了。

于是趋炎附势的风气下，先前围绕在张璁身边的干将们，成群结队造访夏言，卖力表忠心求收留。对这群佞幸小人，夏言连句客套话都省了：滚！

完败的张璁，这下也彻底认命，慌不迭地卷包袱辞职走人，此后虽短暂复出，却也彻底淡出权力圈，从此在家安度晚年。

虽说失了宠，但对他急流勇退的精神，嘉靖帝还是十分欣赏，逢年过节还派太监上门慰问，堪称中国古代君臣关系的和谐美谈。

后来的事实证明，张璁唯一比夏言强的，还就是这急流勇退的见识。

比起日落西山的张璁，夏言的人生却是春日艳阳般蓬勃而出，先做礼部尚书，后做内阁大学士，到嘉靖十八年终于就任内阁首辅，成为一人之下万人之上的风光人物。

面对这位政坛新贵，嘉靖帝更是宠得不行，令熟悉嘉靖帝小心眼的臣子大跌眼镜的是，对硬脾气的夏言，嘉靖帝真是海一样宽阔的胸襟！

国家大事上，基本对夏言言听计从，还常给特殊待遇。特别是就任首辅后，夏言自认为这些年劳苦功高，竟得寸进尺要求加上柱国封号。这件事有多过分？

后来权倾朝野的张居正也是过世后才追认了这荣耀。嘉靖帝这时却大气——加！

如此嚣张表现，夏言却十分自得。天下没有白给的午餐，自己这番风光，全是劳动所得。

特别是写青词，那可是个技术活，一句话写不好，惹老天爷不高兴可是大事，每个字都要反复斟酌。后来的名臣徐阶也干这活，就曾为两三个字用典，苦苦斟琢了一夜，熬得双目充血。

可放在夏言这里，却是驾轻就熟，篇篇行云流水般经典，读来酣畅淋漓，乃嘉靖帝炼丹修道必备精品，非他不可。

夏言优良的工作表现证明，与被张居正称赞的张璁相比，他也强一大截：首先绝不因私废公，张璁当年的行政改革他不但全盘继承，还有更高明理念：不仅要抓贪官，尸位素餐的昏官也不放过，在任期间法办过不少行政不作为的糊涂官。

更公认的业绩是，他与老对头张璁的这番前赴后继，打造出大明王朝行政廉洁高效的时代，六十年后张居正改革时，都当作模范蓝本，认真膜拜学习。

另一样让张璁自叹不如的业绩就是抓巨贪。连当年张璁都敬而远之、小心相处的翊国公郭勋，都硬叫夏言给法办了！

这位郭勋是嘉靖年间早期的红人，祖上是大明开国功臣郭英，自己也深得嘉靖帝信任，还执掌团营，是大明军界首席领军人物，当然，也是首席贪污犯：常年上下勾结吃空额贪军饷。

夏言却下定决心，一定要拿这厮开刀。两人明争暗斗了许多年，其间夏言还吃过大亏，一度狼狈辞职，但总算抓住这骄兵悍将的要害短处，发动猛烈弹劾。逼得嘉靖帝迫于压力，终于把这恶人送入监狱，而后其死于狱中。

照《明史》的说法，是"治勋狱，悉指其授"也就是夏言暗箱操作，竟把郭勋整死在狱中。如此心机狠劲，着实碾压昔日张璁。

但这件事也挑战了嘉靖帝的底线。嘉靖帝怒了许多天,也放话说要追查,可面对一脸若无其事的夏言,最后还是硬生生憋回了这口气。

无意之中,夏言创了一个纪录:在嘉靖帝深沉阴刻的一生里,除了早年的老臣杨廷和外,夏言是又一位能叫他暂时忍气吞声的大臣。

这样一忍耐,也忍出了夏言出名的牛气形象,待人接物都傲慢无比,以当时的俗话说:不见夏言,不知相尊。

但这个嚣张人物,其实还有颗豆腐心,夏言既有相爷的尊贵,又有宰相的气度。当年跟着张璁骂过他的官员,他都从未报复。有官员说错话得罪嘉靖帝,哪怕与自己无关,他也常出面营救,救出了人后,他还忘不了摆谱把人骂一顿——长期这样既干好事又做恶人。

就连政敌们都钦佩的是夏言个人的高贵品质。当年他和张璁互掐时,曾被张璁的亲信诬陷贪腐,后来一番调查,反证明了夏言两袖清风。这段掌故,晚年张璁回忆时也懊悔不已,说夏言许多事可恶,就这件事真心可敬。

无论官位境况如何,他依然是那个坚持原则、爱惜羽毛般珍惜荣誉的夏言。

在实际工作中,爱惜荣誉的夏言,官位越大越开足马力,对准了另一样大事:整顿北部边防。

昔日强悍的北方大明边军,这时却正是积重大爆发,又赶上鞑靼军事强人阿勒坦可汗崛起,因此北方边镇连年遭鞑靼入侵,狼烟越演越烈。

为解决这个问题,夏言殚精竭虑。当初,他煞费苦心也要弄死郭勋,就为这事。他的另一堪称有建设性的贡献,是一个穷尽心血的规划——《御边十四策》。

这是明朝十六世纪上半叶将大明国防问题总结得最为精准的一道奏疏,将夏言的犀利风格发挥到至高境界,从练兵布防到军事管理,样样问题都设计了强硬解决方案。这奏疏的震撼力有多强?

以嘉靖帝自己的话说:他只有两次看过奏折后豁然开朗,一次是大礼议之争时读过张璁那篇号称"圣人在世亦难驳"的议礼奏折；另一次，就是夏言这篇《御边十四策》。

但比起张璁那篇讲嘉靖帝"认爹"话题的奏疏，夏言这篇现实意义显然更重大。

顺利清除了郭勋后，实现这一军事目标的最大障碍也已扫除，夏言踌躇满志，正加班加点准备落实，然而背后另一个人——严嵩，悄悄举起了黑枪。

四、谁害死了夏言

如日中天的夏言，在嘉靖二十一年时首次下台，猝不及防。

以正史的说法，就是夏言亲手提拔起来的老友严嵩，捏准了嘉靖帝的脾气，偷偷跑嘉靖帝面前痛哭流涕告黑状，说夏言为官跋扈，连嘉靖帝赐他的道教礼冠都敢随意扔。果然一状告准，激得嘉靖帝立刻发飙，把夏言轰回家养老。

但最重要的原因却不是这个。对嘉靖帝来说，夏言脾气极臭却极其好用，但这有个前提：忠心！

等到郭勋稀里糊涂被整死，夏言在嘉靖帝心中的忠诚形象也崩溃：夏言，竟也是有党的！所以有没有严嵩告黑状，夏言接下来的丢官回家，都是板上钉钉的事。

但把严嵩扶上去的后果，却是嘉靖帝万万想不到的。他先前拿捏过很多阁老，从杨廷和张璁再到此时夏言，可就是严嵩不同，严嵩是个不负责任的人。

自从上任后，严阁老除了抓权，就是捞钱，但最刷新三观的事是，从张璁到夏言十几年煞费苦心打造的大明廉洁政府，这下全给闹污了：朝政腐败丛生，内外麻烦不断，折腾得嘉靖帝也忍够了，成天在书房上反复痴痴写夏言的字"公瑾"。夏言，你走了才知道你的好！

于是，嘉靖二十四年，王者归来的夏言当起了救火队员：大批腐败分子丢官挨治，拖沓糊弄歪风一扫而空。先前坑过夏言的严嵩，还是靠跑到夏言家痛哭流涕求放过，才算得到谅解。

得到最大好转的还是军事。夏言这次欣喜地发现了一员将才：三边总制曾铣。在他的铁腕整顿下，明军华丽转身，一路高歌猛进，兵锋直指河套草原。大明王朝一重大军事战略——收复河套眼看就要梦想成真。

但是夏言更料想不到，越勤奋努力业绩不断，他就越接近死亡。

嘉靖帝已不是二十年前的嘉靖帝了，而今皇位稳固权力无忧，他已不再需要战士，而是宠物，也就是严嵩。叫夏言回来，只是让他救火，谁知救完火的夏言却还要热火朝天闹建设。因此闹得越红火，他就越危险，憋坏的严嵩，才会有机会。

于是勤奋努力的夏言，终于引火上身，在收复河套问题上再度惹恼了嘉靖。严嵩凶狠补刀：做假证据污蔑夏言与曾铣勾结，坐实了夏言"边帅勾结近臣"的罪名，导致夏言被逮捕至京，嘉靖二十七年与曾铣一起问斩于西市，成为明朝自洪武年间以来第一位被处决的内阁首辅。

这桩震撼明朝的冤案，史称"套狱"。

这桩荒唐的冤案，两年后就让明朝现世报。没了夏言与曾铣，先前被揍得抱头鼠窜的鞑靼阿勒坦，这下撒了欢，两年后竟一路打到北京城下，前后掳掠十多万人口。在严嵩执政下，士气战力严重败坏的明军却只敢躲猫猫看热闹，鞑靼打到哪里就跑哪里。

如此开创大明朝历史记录的耻辱景象，史称庚戌之变。

更荒诞的是，在这场国耻中，刚愎自用的嘉靖帝急得跳脚，暴跳如雷地向群臣问计，捞钱坑人一把好手的严嵩，却做出了堪称最无耻的回答：这些人抢完了自己就走，皇上您别担心！

不知这个时候惊慌失措的嘉靖帝乃至满朝慌乱的文武大臣们是否会想起，就在两年之前，还有一位精神矍铄的老人发出掷地有声的强音：套寇不除，国无宁日。是否还有人怀念那个讨厌的身影？他每天义愤填膺地开骂，然后孜孜不倦地工作，他脾气很臭，说话很难听，态度很傲慢，但实实在在都在危难时刻挺身而出。然而在北京城陷入绝望的这一年，那个人已不在！吏治繁伪，兵政穷堕，民力虚耗，亦由是始。他的蒙冤，是明朝一场大衰败的开始。

夏言殉难十八年后，励精图治的明朝隆庆帝朱载垕彻底平反了夏言冤案，夏言生前最倾注心血的《御边十四策》，则在夏言昔日亲手提拔此时已是内阁首辅的徐阶的整理下，成为大明军事改革的总纲。

诸多铁血部队，都在这个规划下脱颖而出。夏言生前致力的收复河套大业，也随着明军的捷报频传，最终以鞑靼可汗阿勒坦受封为明朝"顺义王"的方式和平完成，从此长城沿线"六十年不识兵戈"，大明王朝历经嘉靖中期后的衰退后，再度幡然振兴，史称"隆万中兴"。

这国泰民安的盛世景象，若没有嘉靖二十七年的那桩冤案，是否会更早一些到来？

明朝马屁阁老，为何是张居正的人生偶像？

明朝阁老众多，奸臣忠良泾渭分明，可其中嘉靖年间的一位，历史评价却无比复杂。

在明朝嘉靖年间之后的各类史料里，说起这位阁老，那真是千人踩万人踹，基本都照着马屁精、奸诈小人的路数形容。后来清朝人修撰《明史》时，更是加了个"性狠愎"的评语，乍一看去，就是个阴狠毒辣的角色。

可就是这样一位狠角色，在明朝最伟大改革家张居正眼里，却是一辈子偶像般的存在，其狂热崇拜程度，到了"心仪而瘫之赞叹"的地步。

这位令张居正无比崇拜、能力业绩更与张居正一脉相承的政治家，就是明朝嘉靖年间政坛强人张璁。

一、从神童到"马屁精"

张璁，1475年出生于浙江温州永嘉，作为能让后来大明神童张居正钦佩无比的人物，少年时的张璁，也是早早就展现出惊人才华，其诗文水平叫老师连喊教不了。到了十三岁时，他给自己找了个震翻围观群众的奋斗目标——诸葛亮，立志要像这位三国名相一般，做一番匡扶天下的大事业。

可理想太远大，有时也容易摔惨。从二十三岁中举起，信心爆棚的张璁满怀伟大理想，先朝着第一个"小目标"会试前进，没想到却是抬腿就摔惨。之后的二十三年里，他接连落榜了七次，十分灰头土脸。

一般说来，这种屡战屡败的科场生涯，基本是周而复始浪费生命。可唯独张璁是例外，和许多就为升官发财奔科举路的同学不一样，张璁始终是个充满理想的人。二十多年的落榜岁月里，除了刻苦读书外，他的社会活动也十分丰富，在龙湾办起了书院，还和明朝思想家王阳明成了好友，经常纵论世道时事，忧国忧民，从未停止思考。

到了四十七岁那年，即正德十六年（1521），心比天高的张璁总算考取了进士。可这好不容易前进的一步，却貌似离张璁的理想越来越远：他的梦想是入阁秉政，可他的科考成绩却只是个不起眼的二甲。放在明代的政治规矩下，这样的功名出身，想进内阁就是做梦。

可是紧接着发生的一件事，让嗅觉敏捷的张璁明白：这事不是梦！大礼议事件来了。

作为一件明朝历史上很有影响力的大事，大礼议事件，说白了就是个皇帝认爹的问题：正德皇帝驾崩，堂弟朱厚熜从湖北进京即皇帝位，可朝中几位老臣按照国家礼制，强烈要求嘉靖皇帝根据礼制规定，认正德皇帝的父亲明孝宗做父亲。放在现在看，这个认爹问题是个瞎操心的闲事，可在明朝，这可是个了不得的大事，不但关乎伦理纲常，更关系话语权。于是新皇帝嘉靖帝也铁了心，爹当然不能随便认！

于是，一边坚持要按照礼制办，一边坚持不换爹，大明朝的朝堂就这么僵持着，起先作围观群众的张璁却兴奋地嗅到了火药味：这事，我了解啊！

在这二十三年的落榜人生里，要论哪一门学问张璁进步极快，首推就是礼制。对于儒家的礼法规范学问，张璁早早就有深刻研究，这下更是活学活用，轻松找出了这帮大臣论点里的大漏洞：嘉靖皇帝是作为皇子继承了他堂兄的皇位，不是作为养子继承皇位（即"继统不继嗣"），根本没有必要为了做皇帝而"换爹"！如同找到猎物的野狼一般，灵感迸发的张璁走笔如飞，写就一篇论证严密的奏疏，把嘉靖帝看得心花怒放。

这以后，张璁就卷入了这场嘉靖年间著名的政治风波，且彻底开罪于当时的百官之首杨廷和。有嘉靖帝做靠山的张璁毫无惧色，几番激烈争斗下来，虽差点儿被杨廷和的儿子杨慎纠集官员打死，却赢得了最后的胜利：杨廷和悲愤辞职，儿子杨慎发配边疆，张璁则平步青云，短短八年间就晋升为首辅，成为嘉靖帝的心腹宠臣。

短短八年间，从一个普通的二甲观政进士，扶摇直上晋身内阁首辅，这个升官速度简直创了明代官场记录。但张璁的名声也一度十分狼藉，特别是那些议礼中失败的杨廷和的心腹，更是变着花样骂：你升得快又怎么样？还不是个逢迎拍马的小人！

但张璁接下来就证明了另一样比逢迎拍马更强的本事——工作能力！

二、造就明朝中兴

虽然很多人眼里的张璁是个为了升官不惜一切逢迎嘉靖帝的小人，但如果张璁是那样的人，他尽可以做一个嘉靖帝十分喜欢的官员类型——每天尸位素餐，凡事无条件逢迎拍马，舒舒服服享受高官厚禄。但事实是，张璁选择了最难的一条路：直面明朝弊政，不惜粉身碎骨，大刀阔斧革新！

他首先瞄准的就是明朝自正德年间起越演越烈的歪风——腐败。

身在民间的四十多年里，张璁看透了地方腐败的蝇营狗苟，对这些官场败类早已深恶痛绝。在享受了高官厚禄后，他从不曾忘记初心。在掌握了都察院后，他就先对这些掌握着监察大权的御史开刀了，没几天就把这群混日子的御史查了个清楚，一口气罢掉了二十多人，且无一人蒙冤假错案，然后又亲自精挑细选，补充进来一批青年才俊。大明王朝的"纪检"工作，这下高速运转起来。

这一贡献对于整个大明朝的影响可以说非常持久。哪怕十年后张璁走人，他亲手提拔的这些御史依然战斗力旺盛。但跟这期间另一个创举——考察比起来，抓贪官都是小儿科。

张璁一直以来都有个看法，想要实现长治久安，靠道德约束从来不靠谱，只有制度才靠谱。大权在手之后，他立刻改规矩：掌管都察院时，规定每个御史都要做考勤，绝不允许迟到早退。张璁后来荣升首辅后，这规矩更推广到六部各衙门，各级大小官员，每月应做的公务都要列计划，有一件完不成就立刻启动追责。朝廷交代的要务十天之内必须明确给结果。曾经几近瘫痪的明朝吏治,在他几番狠手后,隆隆运转起来。

半个世纪后,张璁独创的官场改革传承到改革家张居正手里后,经他二度加工后,终于变成了催动明朝万历中兴的重大国策——考成法。只看这一件事,张居正对张璁的崇拜确实该如滔滔江水。

如果说起初上位的张璁还招来许多政敌的攻击,那么他的另一大建树,却让政敌们都服气了——废除贵戚庄田!这个成化年间起就越演越烈的弊政,发展到正德年间,已经是影响国家财政的大麻烦。张璁的政敌杨廷和当年就曾疾呼废除,但却壮志未酬。弄走杨廷和后,张璁再接再厉,议礼的事情咱们对着干,这事咱们却一致。为了国家长治久安,硬是撕破脸和一群皇亲国戚死杠,终于在嘉靖九年完成这个壮举,为朝廷追回五万多顷土地,裁撤五百多处庄田。大明王朝仿佛清理了血栓一般,再度生机勃勃。

如此建树,正如学者黄光升所赞:天下鼓舞若更生,其功万世不可泯也。十六世纪明朝"嘉靖中兴"的伟业,正是由他开启。

当然,以嘉靖皇帝的脾气,对张璁感激归感激,但却包容不了多久。嘉靖十四年,多次开罪嘉靖帝的张璁,终于黯然告老还乡。但对张璁的贡献,嘉靖帝却还是认账的,逢年过节都特意派人探望。值得一提的是,即使位极人臣,张璁却还保持着清廉的作风,从未以特权为儿女族人谋私利。比起嘉靖年间另几位首辅,特别是严嵩、徐阶这二位,人品也确实好太多。嘉靖年间,阁臣们命运悲惨者极多,他能全身而退,也可以说是好人有好报。

戚继光有个好老师

十六世纪东亚战场上公认杀招,当属大明戚家军的鸳鸯阵。

十二人一组的古怪队形,群狼般沉默碾压上前,管他倭寇鞑虏,敢冲大明龇牙,一概遇魔杀魔!恐怖杀伤效果,如戚家军主帅戚继光临终前的强音:南北水陆大小百余战,未尝一败!

但高调的戚继光每当被人夸起这鸳鸯阵时,却十分低调:不是我原创的,多亏一位高人点拨。

以戚继光《纪效新书》所述,早年戚家军初建,碰上倭寇伤亡惨重。正憋屈时,一位高人飘然而至,传他兵法武艺,令他幡然开窍,悟出鸳鸯阵,这才横扫南北,天下无敌!

这奇幻如武侠小说的桥段,等戚继光说出高人名号,闻者清一色信了:他?合理!

这位高人,正是大儒王阳明心学第三代传人,明代文武全才的传奇宗师荆川先生唐顺之。

一、王学传人,直言谏帝遭贬官

唐顺之,字应德,号荆川先生,正德二年(1507)出生于江苏常州。

但凡这类宗师级人物,早年都少不了磨难。阳明心学缔造者王阳明,官宦家庭出身,生活无忧,却还是在科场上碰个灰头土脸,当了许多年落榜生。

唐顺之却不一样:同是官宦子弟,二十二岁(嘉靖八年)中会元,接着廷试二甲头名(全国第四),成了官场亮眼新星,虽说几起几落,可还是顺利进了翰林院,又做了太子朱载壡属官,等于进了升官快车道,十分春风得意。

但是,他的内心却相当痛苦:虽说是官宦子弟,可他却是个纯真热血青年,从小树立了匡扶社稷的远大理想。谁知进了官场,赶上大礼议之争的年月(指发生在1521年到1539年间的一场规模巨大、旷日持久的关于皇统问题的政治争论),听的看的全是掐架,他深信的圣贤道理,半点儿也用不上,毁三观的次数多了,他也开始消沉迷茫。

就在这迷茫年代里,一位铁杆老大哥把他拽了出来——同科状元罗洪先。

在一直心气高的唐顺之眼里,罗洪先是个奇人,科考是状元,且还是文武全才。多憋屈的事情,他几句话就能开解。被开解了很多次后,唐顺之也好奇了:你就比我大三岁,咋这么厉害?

罗洪先告诉他,自己十五岁那年得到一位圣人的著作,此后精研十年,总算小有成就。这部著作叫《传习录》,它的作者正是传奇圣贤王阳明。

在满腹的好奇中,唐顺之也开始读《传习录》,竟也是击节叫好。然后他在罗洪先牵线下,开始走进这个新学派——阳明心学,先和许多弟子往来,又参加了心学的讲学,并拜入了王阳明弟子王畿门下,成为阳明心学第三代弟子。唐顺之后来感慨,接触心学后,他才知道圣贤的道理原来可以这么近;人与人之间,还有这样的平等思想交流。

但打击也突然来了。嘉靖十九年(1540),身为太子东宫官属的唐顺之,大胆苦劝嘉靖帝不要沉迷炼丹修道,结果嘉靖帝被惹得暴怒,一下将他贬官为民。

虽说骂皇帝在明朝不稀奇,可放在唐顺之这时却真叫罕见。嘉靖帝出了名的暴脾气,先前就有御史杨最上书劝说,结果被活活打断气。有这前车之鉴,唐顺之却依然上奏——这是真勇敢。

如此勇敢,也令唐顺之成了当时名震京城的刚正人物。当然许多人暗自惋惜,他的仕途算是彻底结束了,才三十三岁,只能回家收几个徒弟,写两本回忆录，后半辈子只能养老去了。

养老？属于唐顺之的传奇，这才刚刚开始。

二、刻苦修身，为保家国再出山

罢官回家的唐顺之，一直隐居在阳羡山里，以他自己话说：夏不扇，冬不炉，行不舆，食不肉，备尝苦淡。自找苦吃十多年，使他修成了全能强人。

有多强？文学脱胎换骨，独创了"唐宋派"。我们所熟悉的"唐宋八大家"称号，欧阳修苏轼们的"八大家"名分，都是唐顺之给的。

连冷门的数学，他都闹出动静，漂亮破解了郭守敬算法。晚明欧洲传教士利玛窦嘲笑明朝数学，气得明朝士大夫们搬出唐顺之，一下引得这些洋鬼子连连赞叹，给大明找回了面子。

但唐顺之却自嘲说，这些都是皮毛才能，远比不上自己这些年修炼的最强项——军事！

因为唐顺之追求的绝非个人利禄，而是阳明心学倡导的精神：习武善战，以趋报国！

在这种精神感召下，心学门下那些看上去文弱的书生满怀沸腾的热血，开始了刻苦修炼，只为心中匡扶社稷的理想，唐顺之，正是其中最优秀的一位。

他像武侠小说中那些闭关修行的高手一样，练就了一身强大武功，最强当属枪法，三十七岁那年，他跟河南名家杨松学到正宗心意六合枪，十年苦练之后，到了"一尺圈枪"的境界，就是对战之中舞出一尺枪花，多强对手也近不得身，被公认为嘉靖年间头号枪术大师。

除了能练，唐顺之还一边练一边写，一本《武编》记录了中国刀枪剑戟拳各类武技，更包括了选兵练将等各样学问。他的军事才能，照嘉靖年间威震北方的名将翁万达评价：当一字一拜也。

唐顺之的军事判断力强，判断前线局势分毫不差，且能发现人才。比如"嘉靖第一勇将"马芳，唐顺之仅看了几件战报就立刻大力举荐，还专门赠诗鼓励。在明朝诸多边将眼里，远在江南的唐顺之，就是这样一个神奇的世外高人。

当时东南倭患严重，已经打到唐顺之家门口了，有一次唐顺之在苏州访友，竟亲眼看到凶残倭寇斩杀婴儿的惨状。他自己哀叹，生民何辜遭此痛苦，计亦可自笑矣。自己一直以世外高人自居，可国难临头，却什么也做不了，可笑！

他开始关注抗倭战争，出手就闹出大事：给浙直总督胡宗宪献计，分化瓦解两大倭寇头子汪直和徐海，这两个纵横海洋的枭雄，竟一步步上套，落入了明王朝手中，树大根深的东南倭寇从此陷入群龙无首的局面。胡宗宪事后赞叹，唐顺之是头功！

如此大功，令明王朝注意到这位高人。热情的邀约很快来了，但唐顺之却纠结，此时把持大明朝政的是人人都知道的奸臣严嵩集团，推举唐顺之的不是别人，正是严嵩干儿子、极品奸人赵文华。出山就意味着和他们沆瀣一气，可是自己苦苦坚守的节操呢？

要保家卫国，还是要节操？唐顺之苦苦纠结了许多时日，还是他一直敬若大哥的罗洪先再次给了他关键的指引——不必为小节所拘！唐顺之豁然开朗，出山！

补充说一句，一句话令唐顺之开解的罗洪先，其实也接到了奸人赵文华的邀约。但罗洪先自己纠结半天后，还是决定不出山。由此可见这决定多艰难。

但即使预知会有风波，唐顺之也绝不后悔。以他临行之前给父亲祭文里的原话说："苟时有可为，不敢不竭驽钝之才。时遇多艰，不敢忘致身之义。"

这位曾经的热血青年，而今依然血未冷。纵容遭受诋毁，纵然千难万难，他也依然选择挺身而出，奋战一场。

三、教出战神，传奇落幕遭抹黑

嘉靖三十七年（1558）三月，归隐十九年的唐顺之正式出山，担任大明朝兵部职方司郎中，受命勘察蓟州防务。他四十天走遍两千里，给大明朝送上一份堪称宝典的报告——条陈练兵事宜。

这份报告堪称一针见血，直接点出明朝军队最大毛病：啥都不缺，就是兵缺练！更给出八条练兵建议。后来明朝整顿北部边防，都以这份报告为蓝本。接着再接重任，南下视察抗倭军情。

如果说蓟州之行还是牛刀小试，那么这次抗倭之路，他更似火山喷发。到前线后，他一句话就把包括浙直总督胡宗宪在内的众人雷倒——御贼上策，当截之于海外——在海上干掉倭寇！

这话当时有多雷人？嘉靖年间的明朝舰队，废的废，残的残，但唐顺之却很坚决：打！抓住三月东南风机会，在崇明岛设下天罗地网，捎带集齐各位军将往年玩忽职守的罪证：想脱罪？先砍几个倭寇来！

如此一拿捏，原本萎靡的明军立刻如打了鸡血。嘉靖三十八年（1559）四月十日开打，八千倭寇被打得当场崩溃，十二艘敌船被毁，这是公认十年以来大明对倭寇的第一次海上大捷！

这场开门红后，唐顺之一发不可收拾，之后频繁活跃在长三角地区，很快把倭寇打出毛病：有一次某村落遭倭寇突袭，村民们急中生智，找个老头冒充唐顺之，竟真把倭寇当场吓得跑光了。

可这大好战局之下，却是唐顺之严重恶化的个人健康，他甚至连站都站不稳，一度只能回太仓养病。可比起这不争气的身体更叫他生气的，却是不争气的明军。

唐顺之率军攻打倭寇三沙据点时，就结结实实被惊到，一群明军摆开阵势吆喝，半天却不见进攻，反而倭寇轻松一个反击，立刻全撒腿跑！还是唐顺之急红了眼，亲自拿刀硬撑着向前冲，才算激得一群兵大爷跟在他后面壮起胆子前进，艰难拿下据点。

如此桥段，并非偶然出现，而是唐顺之江南抗倭岁月里常见的景象。深知自己健康状况的唐顺之，终于做出了决定：在厌包扎堆的明军里，找一位业界良心人物，把自己一生所学传授给他，让这个人担负起自己注定无法完成的梦想。于是，后来的一代战神，当时三十二岁的参将戚继光就这样入了唐顺之的法眼。

事实证明，唐顺之的眼光确实卓越，这时戚继光一身毛病，性子执拗傲慢，还带一群愣头青，打仗就知道死磕，没少被嘲笑，但唐顺之看到的却是一群热血忠勇的青年。

于是，在戚继光的青年记忆里，就有了这样的震撼一幕：年过半百的唐顺之手持长枪，轻松舞出了一尺枪花，当时就把心气孤傲的戚继光及一群年少生猛的戚家军战士惊掉了下巴。在轻松扫倒这群愣头青后，唐顺之更留下一句令戚继光铭记终生的箴言：一艺之精，其难如此。

但比这逆天武功更叫戚继光震撼的却是另一件礼物：唐顺之将自己一生的心血《武编》传授给了戚继光，其中最叫戚继光惊叹的正是"鸳鸯伍"。五个人分别等狼筅、长枪、盾牌，完美配合，立刻激起戚继光无限创意，终把这古怪阵型升级成更加强大、横扫南北的恐怖战阵——鸳鸯阵。

完成这次托付后，生命弥留之际的唐顺之彻底放松了。他重新返回前线，进入到最后也最疯狂的阶段，见到倭寇就狠咬追打，拼得有一口气在，也要多杀几个日本鬼子垫背。

这疯狂恐怖的追杀，一直持续到嘉靖三十九年（1560）三月末，正在泰州视察军情的唐顺之病情终于彻底恶化。四月一日这天，五十四岁的唐顺之郑重地沐浴更衣，然后以飒爽的英姿立于船头之上，走完了生命最后的路程。

在他生命的最后时刻，对阵错综复杂的抗倭战局，他充满信心。正如他对身边战友们的托付："本欲与诸君勠力同卫社稷，今无能矣，愿诸君勉之。"他坚信这场战争，即将迎来胜利，唯一的遗憾是自己看不到了。

相信说出这段遗言时，他脑海里反复出现的一定会有那个叫戚继光的热血青年。这位他托付毕生所学的青年，也终于未辜负他的热望：六年以后，已然名满华夏的战神戚继光，大规模跨海征发，在安南国（越南）万桥山发起总攻，将最后一股倭寇剿杀殆尽。大明倭患，彻底肃清。

但是这段壮怀激烈的历史，却在嘉靖皇帝过世后，由于主修《明世宗实录》的张居正与阳明心学间的私怨，竟被人为抹黑，"顺之（唐顺之）初欲猎奇致声誉，因之交欢严嵩子世藩"，也就是唐顺之晚年之所以辉煌，完全是因为他个人争名逐利趋炎附势巴结严嵩。

于是，当戚继光的英雄事迹被世代传颂的时候，许多人捎带记住的还有一个"趋炎附势"的唐顺之。以至于港台一些戚继光题材的武侠电影，演到唐顺之，竟常是猥琐形象。

民国一代枭雄吴佩孚，为这位明代传奇人物说了一句重要的公道话："今日寇益深，岂更有荆川先生者乎？"

每个国难临头的时刻，中国都能顺利熬过来，是因为每个时代都有属于自己的唐顺之。这不是一个人的传奇，而是一个民族不灭的精神。

勇不过马芳

明朝嘉靖年间，国防方面的大问题就是"南倭北虏之患"。

南倭，便是一直侵扰东南沿海的倭寇；北虏，便是肆虐长城沿线的蒙古骑兵。这两个大明王朝的老对头，到了嘉靖年间，同时进入嚣张期，每年来回折腾，每次都给明朝带来惨重损失。这是明朝开国以来第一次面对长期两线作战的痛苦，个中的艰难滋味，晚明的崇祯还会体会一次。嘉靖帝在位的后半段，也是在摁下葫芦起来瓢的折腾中痛苦了二十年。

但这样一个麻烦，到底让嘉靖帝给解决了，南方抗倭打出了戚继光、俞大猷一群英雄。一开始被日本人追着砍，后来追着日本人砍，最后还跨国出击，终于到嘉靖帝驾崩那年，明军在越南万桥山剿灭了最后一股倭寇团伙。这群肆虐中国海域三个世纪的日本强盗，至此基本覆灭。个中的光辉事迹，从来史不绝书。其中表现最优秀的戚继光，更被称为民族英雄，能给的荣耀都给了。

知名度相对不算高的是同时北方战场上崛起的一位曾令草原人闻风丧胆的铁血将军——马芳。

一、"北虏"有多狠

比起东南沿海大杀四方的戚继光，一直在长城血战的马芳，功勋同样不差。说起他的业绩，要先看看他的对头"北虏"有多狠。

"北虏"即大明朝的老对手，长期侵扰明朝边境的蒙古部落。虽然自明朝开国后，他们的日子便一代不如一代，但这帮人的生存能力却不是一般的强，每当实力有所恢复，便会狠狠咬大明朝几口，之前咬得最狠的一次就是瓦剌可汗也先在土木堡一举击溃明朝几十万大军，还把御驾亲征的明英宗抓作俘虏。

嘉靖年间，明朝又赶上一次他们发狠的时候。鞑靼可汗阿勒坦，明朝人称俺答。这位成吉思汗的子孙，堪称当时蒙古草原最杰出的军事家，比起当年瓦剌在土木堡的狠咬一口，阿勒坦更加青出于蓝。他带给明朝的是每年持续的打击，而且战斗力更凶悍，其麾下的骑兵，更是当时蒙古草原的最精锐部队，经常以高超的指挥与凶暴的冲击重创明朝边军。

就战斗成果说，阿勒坦几乎创下自北元覆灭后的最恐怖记录：被他攻克过的边境城池，就有石州、朔州、延绥、松子岭、广昌、古北口等十七座，最惨的是大同，曾经从嘉靖十九年至二十一年，连续三次被他占领，死在他手里的明朝边将，嘉靖年间累积有总兵四人，副总兵两人，参将六人，游击四人。当时明朝北方边军，最会打仗的将领和最能打仗的明军，都被他轮番修理了。

阿勒坦对于骑兵大兵团奔袭的指挥能力，更到了登峰造极的地步。有一次他率兵攻克雁门关，然后高速突袭，电光火石之间，就把太原、潞安、临汾等重镇都饱掠个遍，几乎将整个山西省打穿，后来复制了这一经典攻击的只有皇太极时代的清军。这是明朝自正统年间以来北方面对的最强大对手。

让明朝放血最狠的一次，是嘉靖二十九年，阿勒坦先声东击西，绕开明朝宣大防线，在古北口击溃明朝三万守军后，竟一路长驱南下，杀到了北京城外。之后他在北京郊外大肆劫掠，还差点儿毁掉明皇陵，最后携带着大批财物和人口，一路得意招摇着撤军。

沿途被掳掠的百姓号哭震天，许多人竟在路上自尽，北京城外被毁的州县村庄，更是废墟一片。北京周边的八万明军，从头到尾龟缩不战，气得嘉靖帝最后砍了兵部尚书丁汝夔，明军也只敢一路尾随。这是明朝自土木堡之变后又一次国耻——庚戌之变。

是明军太懦弱，还是因为阿勒坦太凶，斗狠斗不过，要计谋也要不过，怎么打怎么输，因此能不打就不打。个别无能的明朝边将，甚至还偷着给阿勒坦塞钱，只求阿勒坦别打自己。如此一来，阿勒坦的侵扰越发轻松，最嚣张的时候，他还没打来，明军就全跑光，人口粮食打包全收，好比悠闲的自驾游，游来游去，终于在北京城下也收获了一把。

然而就在这场明朝军队集体秀"没种"的"庚戌之变"中，怀柔一个三十三岁的千户表现却相当有种：他带领的一支小部队与阿勒坦主力遭遇，非但没有跑，反而主动发起攻击，此人更冲在前头，一下就击杀了阿勒坦的部将。以至于不明真相的阿勒坦还以为有埋伏，慌不迭地就撤了。

这场不起眼的小挫，在阿勒坦战无不胜的军事生涯里也算不得什么，但是这位年轻千户后来成了阿勒坦最强劲的对手——马芳。

这个人的出现，意味着阿勒坦"自驾游"的好日子快要到头了。

要说起来，这位强劲对手，还是阿勒坦自己培养的，在成为一位明朝军人以前，马芳的身份是阿勒坦家的汉人奴隶。

二、马奴隶练级记

嘉靖四年，阿勒坦的祖父即蒙古达延可汗对明朝宣府大同地区发动了一次空前的大侵袭。大批村镇惨遭浩劫，数万百姓被掳，无数家庭离散。这其中，便有马芳一家人：父母在战乱中失散，八岁的他被蒙古骑兵掳走，流落到草原做了骑奴。

这样的悲惨命运，在当时实在太多。那些被抓到草原的汉民，大多不是做了奴隶，就是在草原开荒种地，吃够了各种苦头，只求能平安地活下去。

但在八岁的马芳心中，一直燃烧不息的却是另一个强大的信念：报仇！

在这样强大的信念下，小马芳表现得十分乖巧，一开始做骑奴，后来做苦力，不是伺候牛马羊就是伺候主人，但不管干什么，总能讨得主人赏识，还和许多蒙古兵交上了朋友，当牛做马的日子，竟过得竟有滋有味。

除了会为人处事之外，马芳还会学习，没啥读书条件，跟着其他汉人奴隶学，竟也粗通文墨。他的武功是自学的，自己砍木头做弓弩练射箭，还跟着蒙古兵学骑马和格斗，本事唰唰地涨，射箭技术尤其高。在那期间，马芳吃了多少苦，挨了多少揍，史书上并没说，但让他一直支撑下去的却还是那个信念：了解他们的习性，学会他们的本事，找到他们的弱点，总有一天会战胜他们。

等到阿勒坦做了可汗，已经是青年的小奴隶马芳，在他面前表现了一把：一次阿勒坦出去打猎，斜刺里杀出一只猛虎，嗷嗷地冲阿勒坦扑来，护卫在身边的蒙古勇士们当场吓白了脸，唯独马芳不慌，淡定地张弓搭箭，一下就将猛虎击杀。喜得阿勒坦当场奖励他一匹马和良弓。

从那以后，马芳就成了阿勒坦的心腹，多次随着他南征北战。仗越打越多，立的功劳也越来越多，蒙古人打仗的学问，他也越学越多，阿勒坦用兵的特点，更让他摸了个透。

到了嘉靖十六年，骑着阿勒坦赠送的宝马，使着阿勒坦赠送的良弓，马芳趁夜逃走，一路奔到大同明军军营，结果刚跳下马来，就被明军卫兵五花大绑。他这么做简直是玩命，且不说被蒙古人抓住就是死，就算逃到了明军，十有八九也会被当奸细处死。

但马芳着实走运，当时的大同总兵是名将周尚文，此人带兵有方，几番审讯下来，便判定马芳是个人才，不但立刻委任他为队长，成了明军中的基层将官，而且主动派人找回了马芳的父母，让这个离散十二年的家庭终于团圆。这番深情厚恩，也令马芳的那个信念从此异常坚定：浴血杀敌，以报国恩。

这段奇遇也在当时明军中流传开来。许多将士都说，遇到周尚文这样的好领导,算是马芳的好运气。而后来的事实证明,周尚文这么做,是明朝的好运气:马芳将是未来蒙古骑兵眼中最恐怖的利器。

自那以后,马芳便用一连串的战功,不断地给领导惊喜:每次打仗都冲在前头,每次打完都提几个人头回来领功,而且继续学习,不但学同僚上司的打法,还刻苦读兵书。他打仗的鬼点子也越来越多,曾经带兵抄袭阿勒坦后路,迫使侵扰大同的阿勒坦撤退,连老领导周尚文都拍案叫绝,甚至当着众将的面夸奖:你将来肯定比我强。

三、蒙古人患上恐马症

蒙受了"庚戌之变"奇耻大辱的明王朝,终于痛下决心整顿国防,边军将领也开始大洗牌,大批昏聩的边将被撤职查办。马芳在同年却屡次立功:怀柔小挫了阿勒坦后,两个月后,又在山西威远野马川两次设伏,同一个坑连续坑了蒙古兵,一路追杀到山西泥河。

这样的好将领,自然要提拔。很快马芳就成了正一品左都督,担任宣府游击将军。这是大明朝对抗阿勒坦的第一线。从此手握兵权的马芳,首先面对的就是一个持续已久的困难:明军尿包般的战斗作风。

这时的明军有多怂?三个字概括:跑得快。

确切点儿说,不但有敌人的时候跑,听说敌人来了要跑,甚至没战争的和平年月跑得也极快。这时的明朝,卫所制度破坏严重,边关的军屯总被侵占,苦大兵们战时当炮灰,平时做农民,越发没地位,跑路的自然多,留下的多是连逃跑都没本事的。这样的战斗力,自然不靠谱。

但一直以来,马芳都是其中的另类,不但自己敢打仗,还能带着部下一起打。当队长的时候,他一个小队都凶猛;当千户的时候,他麾下的一千多人也都凶猛。不管多怂的兵，到他的手里，都能摔打成好兵。

成为宣府游击将军后，马芳创造了另一个奇迹：把这一大群传说中尿包的兵，变成了战无不胜的铁军。

他的第一招就是定规矩，重拾"军战连坐法"。临战之时，前军退缩，后队斩前队，专门斩孬种。顺带还搞潜伏，把心腹派到军中密查，敢克扣军饷欺压士兵的，有一个查一个，查到就严办，天王老子说情也不顶事，经常一次就重办几十人。甚至颁布军令，敢虐待士兵的军官，最轻也要打八十军棍。宣府的军容风纪，几下就让他整顿得大好。

除了对内整人外，马芳对外更硬：当兵不打仗，关键是没保障，军饷常扣军屯泡汤，拿什么去整军？这事马芳干得更狠，专挑当地皇亲国戚下手，使唤了我的兵，给我送回来，占了我的军屯，更得给我吐出来。最胆大的一次，竟调了几百士兵，包围了当地豪强的宅院，硬是把之前流失的军屯全都给抢回来。部队有了地，也就有了钱，腰包鼓了，打仗胆气也更壮，当兵的更感激涕零：这老大没得说，跟着他冲吧。

这事干得太凶悍，以至于朝中有人揭发，许多言官骂声不断，但事实证明，在整人之前，马芳早就整好了关系。流落蒙古期间他练得最多的本事，除了打仗就是拉关系。当时朝中的都御史方逢时、兵部尚书王邦瑞早就和他结好，平时捅了篓子，都有人给他顶。就连当时奸猾至极的权臣严嵩之子严世藩，对这事都明白，专门叮嘱马芳的上司杨顺：马芳这人深有手腕，千万别惹他。

比起这些麻烦来，马芳面对的最大困难，是两个字：习惯，即明军打败仗的习惯。

这时的明军已经输习惯了。阿勒坦打来就跑路，阿勒坦撤走再杀几个老百姓冒功，早成了这些人的习惯。已经很少有人相信，面对这个强大的敌人和凶悍的骑兵，明军还有面对面战斗的能力。

所以即使是有点儿想法的边将，抗击蒙古入侵的主要办法不是增加火器，就是修整城墙，基本全是消极防御。但是马芳却提出了一个石破天惊的方略：组建强大的骑兵军团，用阿勒坦最得意擅长的骑兵野战突袭，彻底将他打垮。

马芳不但这样想，而且一直这么做，他一直抓得最紧的就是练兵。在军中大量淘汰老弱，招募边地精壮，不惜重金通过各种渠道购买马匹，甚至敞开怀抱，聘请许多蒙古降兵来做教练，还组建了一支专属于他自己的特种部队：由军中百战老兵组成的"家兵"，个个都是身怀绝技的战士，专门担当突击任务。套用现在的说法，这就是马家军。

马芳的马家军，不但跑得快，而且打得狠。

在马芳练兵的这些年里，边境上的小仗也不少，一边练一边打，士兵的胆子也更壮。嘉靖三十四年，一场大战终于爆发了：阿勒坦故伎重演，再次率领大股骑兵军团绕道直扑北京。明朝边军一如既往，蒙古军往哪里冲，明军就往哪里逃。眼看当年兵临北京的一幕就要重演，没承想在河北保安碰上了马芳这个硬茬子。

这次马芳带来的便是他精心训练的两千精骑。起初蒙古军不在意，还想一口吃掉，没想到战斗打响，立刻被崩掉了门牙：这支明军不但作战生猛，打仗凶悍，而且战术极有特色，远程时火器与弓弩交错配合，肉搏战中各色长短兵器轮流招呼，就像一只攥紧的铁拳一样，一下一下猛击阿勒坦。

惨烈的战斗打了整整一天，马芳本人身先士卒，全身受伤五处，战马更被射杀。阿勒坦不明明军虚实，最终下令撤退。一场大祸就此消解。值得一提的是，当时多路明军闻讯增援，却不敢接战，只是远远观望，结果看到了马家军的精彩表演。

这一仗打完，马芳一战成名，连嘉靖皇帝都知道了他，还给了他一个评语：勇不过马芳。敌人这边体会更深，竟送了他一个绰号"马太师"。第二年，蒙古军土蛮部窜犯蓟州，已经是蓟州副总兵的马芳再次领兵出战，没想到这次却扑了个空:对方一听说是马芳来了,立刻奔走相告,然后几万蒙古军脚底抹油,撒丫子逃命。一种新型心理疾病"恐马症",正在蒙古广泛流传。

四、血战阿勒坦

马芳的威猛,令蒙古骑兵越发体会深刻。但几次与阿勒坦交战,不是抽冷子打埋伏,就是抄后路,还没有过一次正面对撞的机会。两次战退阿勒坦,也是占了他不明军情急于撤退的光。要想真正改变明军战败的习惯,就需要在一个时间场合狠狠打阿勒坦一次。

嘉靖四十年八月,机会来了。

这时的马芳,已是宣府副总兵,苦心打造的宣府骑兵,早已锤炼成熟,而老对头阿勒坦,作战水平也在进步:以前是长途骚扰,现在明军战斗力提升,就改重点打击。这次他的攻击对象是山西大同。

马芳的情报工作已经精确到恐怖:阿勒坦一动身,马芳就知道了他的作战目标。可这事风险太大:大同不是自己的防区,自己若不去救援,也没啥责任,一旦出击失败,责任就跑不了。不打没事,打了却可能出大事。

但马芳还是毅然决定:打!不但要打,而且还要以蒙古军最擅长的方式打——骑兵出击,长途奔袭。虽然很多部下都意识到这事的严重性,而且纷纷劝阻,但马芳铁了心,更以大义激励部下,同时宣布政策:兄弟都在军中的,弟弟回去;父子都在军中的,父亲回去。命令颁布后,明军士兵人人振奋,争着要跟去,刀山火海,也要打这一仗。

于是,这支勇敢的军队,像一只离弦的利箭一般,从宣府悄然出发了。连夜急行军五百里,凌晨抵达大同外围,成功锁定阿勒坦的主力。然后以马芳的"家兵"为先导,摸进阿勒坦军营里放火,只见火势大起,军营里不断地有人喊着:

马太师来了！

马芳凶猛的进攻就这样如烈火燎原般展开：精锐的明朝骑兵前仆后继，决死冲锋，终于将阿勒坦的阵营冲乱。突遭意外打击的阿勒坦，反应也异常迅速：立刻集结兵力，一面阻击一面撤退，硬是在马芳包围圈合拢之前，成功逃过了明军追杀。

但吃了大亏的阿勒坦还没缓过气来，马芳就狠狠地咬了上来。双方在兔儿岭、饮龙河连续交战，明军连战连捷，阿勒坦连战连退。咽不下这口气的阿勒坦又岂是吃亏的人？在败退到怀安后，阿勒坦终于找到办法：先用小部队引马芳追杀，诱到草原后大部队合围。非灭了这群不知死活的明军不可。

这个计划似乎很顺利：阿勒坦一放诱饵，马芳就上钩，大部队蜂拥着扑来，果然被蒙古军包了饺子。但正在阿勒坦得意扬扬准备收获胜利果实的时候，却又遭当头一棒：马芳早已安排精锐家兵，在蒙古军侧翼埋伏，阿勒坦一包围，家兵就出击，一下就把阿勒坦军队斩成了两段。

这场惨烈的战役再度打了一天一夜，马芳依然奋勇冲杀，连马刀都砍卷了三把，伤亡惨重的阿勒坦，终于倒在明军坚忍的意志面前，慌不迭地夺路而逃。这是一直无敌的阿勒坦在庚戌之变之后遭受的第一场野战惨败。此战最大的意义，绝不是歼灭了多少人，而是向阿勒坦宣告了一个新的事实：大明的铁军，可以用任何方式击败你，包括你最擅长的骑兵。捷报像长了翅膀似的飞到了北京，四十四岁的马芳正式获封为宣府总兵。这是明代武将可以做到的最高官职。然而在这个人生顶点之上，马芳接下来要实现的却是他筹谋已久的一个战略：先发制人。

五、真实版的空城计

一直以来，明朝与阿勒坦作战的剧本都是固定的：阿勒坦来，明军防守，不是靠火器，就是靠城头，像马芳这样长途奔袭，防守反击，都算是逆天了。

但马芳要干的却是更逆天的事：主动出击，捣毁阿勒坦的军队和大营，在敌人进攻之前，就给敌人沉重的打击。按照现代的说法，这是先发制人。

马芳办这个事已经有了充足的底气：他在草原度过了青春年华，熟悉那里的一草一木，他已经打造出了铁血骑兵，完全可以面对一切惨烈考验。更重要的一条，是他建立了一个恐怖的草原情报网：大批的密探早已潜伏在各个蒙古部落，随时可以向马芳传送情报。

于是，很多令人瞠目结舌的场景，便越来越多地在阿勒坦身边出现：每当他准备好兵马要大举进攻的时候，不是自家的草场被烧，就是一些部落的马匹被抢。有时候他抢得盆满钵满，回去准备庆功的时候，发现自家的部落已经被烧成了灰，他前脚刚打完，明朝的报复性进攻后脚就打响。这些绝大多数都是马芳的杰作。

随着战场上的连胜，马芳出击的次数越来越多，范围也越来越广，战果也越来越丰富。而且在他的带领下，几个边镇的明军有样学样，全跟着主动出击作战，闹得阿勒坦的地盘战火四起。最拉风的一次是，马芳长途奔袭四百里，打到阿勒坦的重镇兴和，不但把当地摧毁一空，更大举阅兵，耀武扬威。周围的蒙古兵不是跑得老远，就是躲着不打。当年阿勒坦侵扰内地的悲惨场景，马芳就这样如数奉还。

马芳的凶猛，让阿勒坦越发头疼。不过他又找出新办法：打不过你，还躲不过你？你在的地方，我不去打不就完了？

马芳的回答是，你不打，我就找着你打。

由此，揭开了马芳戎马生涯中最凶险的一战——马莲堡会战。

嘉靖四十五年，阿勒坦拼上十万骑兵，发动了对明朝万全右卫的进攻。这个万全右卫，号称铁壁，是明朝边防的重镇。一旦沦陷，整个河北都要暴露在阿勒坦的铁蹄之下。

于是万全右卫告急，明王朝也反应迅速，急命固原、延绥、宣府、大同、蓟镇五大总兵驰援。兵围万全右卫的阿勒坦真正要等的便是其中最精锐的马芳部。

结果马芳刚刚赶到马莲堡，蒙古优势兵力立刻就扑上来。部下建议紧急前进，到万全右卫与守军会合。马芳知道，一旦这样做，对万全右卫就是灭顶之灾。因此就地列阵，迎战敌人。

这是马芳一生中又一次以寡击众的惨烈战役，在毫无工事的马莲堡，明军冷静地部署防御，马芳命人列起大旗，摆出大军的架势不断挑衅敌人。多次吃过马芳亏的蒙古人这次也学乖了，一看马芳如此高调，便判定有蹊跷。双方大军对峙一整天，蒙古军硬是不敢发动强攻。

一直到了深夜，意外突然发生了：马莲堡年久失修的城墙轰然倒塌，吓得部下连忙要修缮，马芳立刻喝止，反而命令全军偃旗息鼓，战场陷入了死一般的沉寂。闻讯的蒙古人继续施加压力。鞑靼人擂鼓震天，摆出就要发动攻击的架势。马芳却保持淡定，命令部下打开马莲堡城门——麻利点，要打快打。

这虚虚实实的表演，终于骗过了敌人。等到第二天清晨，早已憋了一夜的马家军奋勇杀出，将猝不及防的敌人杀得大败，一万骑兵打十万蒙古军，竟令敌人仓皇撤退，而且跑还没跑对路线，正碰上另外几路增援明军，这下落进口袋里的蒙古军遭到了明军多路痛打，再次尝到了战败的滋味。

险中求胜的马芳，在这场战斗中展现的，除了过人的智慧勇气，更有高贵的品格：战后他的部下田世威获罪，马芳主动放弃自己的赏赐，换得田世威从轻处罚。谁知几年以后，田世威反而恩将仇报，处处陷害马芳。对此马芳也毫不计较，从未打击报复。这高贵的人品，正是马家军浴血奋战的缘由。而这一段掌故，以及这场艰苦的胜利，同样也被后人写入了京剧名段《困城》之中。

六、满门忠烈

嘉靖皇帝朱厚熜驾崩的时候，北方抗击鞑靼的战事在马芳等新一代明军将士的浴血奋战下，正在往好的方面转化。

隆庆皇帝登基后，马芳一如既往，从宣府到大同，接连打了很多胜仗，不但多次击退阿勒坦的侵扰，还在隆庆四年奇袭了威宁海子，一路追杀阿勒坦数十里，差点儿将阿勒坦活捉，鞑靼部落的首领们被擒就有数十人。这是马芳戎马生涯里最漂亮的一次突袭，也是最后一次。

四个月后，阿勒坦的孙子把汉那吉因为妻子被祖父阿勒坦霸占，愤然投奔了明朝。明王朝趁热打铁，在高拱、张居正等阁臣的主持下，与阿勒坦经过谈判，终于成功招降了这位肆虐北方二十年的大对头：阿勒坦接受了明朝册封，成为大明王朝的顺义王，双方开始了互市贸易，从此再不动刀兵。这就是著名的"隆庆和议"。其伟大意义，用一句古话就可以概括："六十余年边民生息，遂长不识兵革矣。"

这个伟大和议的促成，除了归功于高拱、张居正的政治智慧，便是马芳等一代勇将的浴血奋战。正如阿勒坦自己在给明朝的奏折里所说，马芳等人打得他"边外野草尽烧，冬春人畜难过"，所谓和议，其实是他就坡下驴。

明史里清楚记录了马芳的战功：战膳房堡、朔州、登鹰巢、鸽子堂、龙门、万全右卫、东岭、孤山、土木、乾庄、岔道、张家堡、得胜堡、大沙滩，大小百十接，身被数十创，以少击众，未尝不大捷。擒部长数十人，斩馘无算，威名震边陲，为一时将帅冠。

结束了战争的马芳，到了张居正当国的万历年间，却被御史吴百朋弹劾，落得免职赋闲的下场。人生最大的挫折，没输在战场上，却输在官场上。

在这悲催岁月里，及时无私"帮助"了他的竟然是老对头阿勒坦。万历五年，阿勒坦老毛病又犯，向明朝狮子大开口要钱，说不给赏赐就要闹事。明朝反应迅速，命正在家憋气的马芳复职，重任宣府总兵。

之后马芳带领精兵，高扬着马字战旗，在草原上优哉游哉地晃了几圈，蒙古人吓得奔走相告，说当年恐怖的马太师又打回来了。得到消息的阿勒坦大惊，连忙给明朝上奏折认错。一场兵祸，就此解决。

四年之后，征战一生的马芳，终于闭上了疲劳的眼睛。他的临终遗言，是把自己的遗骨葬在大同北面的新平堡。这是他当年从蒙古草原逃回来后最早在军中做队长的地方。这个选择，便是一个军人对于戎马生涯的最好纪念。

一生战功卓著的马芳，最没有想到的是，他的光辉功劳，竟抵不过一个坑爹的儿子：宝贝儿子马林，靠着老爹的功勋，轻轻松松一路晋升，明明只是个文不成武不就的浪荡子，竟也混到了总兵。谁知后来努尔哈赤起兵，让这个水货彻底现形——著名的萨尔浒大战中，正是由于马林的指挥不力，造成了尚间崖一战惨败。

所以入清以后，愚蠢的马林成了后人的笑柄，反而盖过了铁血的父亲。

同样被掩盖的还有马家的满门忠烈：马芳的孙子马燃和马灼都殉国在辽东战场，小孙子马旷最有才华，曾被看作明朝崇祯年间最有潜力的将星。但甘州一战，孤军奋战的他最终殉难在农民军贺锦之手。

从萨尔浒到明朝灭亡，马家祖孙三代，为国捐躯的男人多达七人，大明的顽强与不屈，这些满门忠烈正是缩影。

去外国盗易，去中国盗难

明代的倭寇问题里，常令明朝官员谈之色变的，就是倭寇的恐怖战斗力：曾经有五十三个倭寇，一路打到南京城下，杀伤明朝军民数千人。倭寇最凶残的嘉靖年间，许多沿海的军队，甚至见了倭寇就逃命，别说抗击侵略，连反击一下的勇气都没有。

为什么倭寇会这么厉害？后人总结出了各种原因，比如倭寇武器先进，其鸟铳远远好于明军的火门枪。又比如倭寇多为日本战国时代的职业军人，战斗力强，当然十分凶残。但倭寇真正可怕之处，却超出了军事范畴，正如明朝嘉靖年间"倭寇克星"朱纨的怒吼：去外国盗易，去中国盗难！

首先需要纠正一个误会，这里的"中国盗"，并不是指倭寇里的中国人。虽然有一种甚嚣尘上的观点称"倭寇里绝大多数是中国人"，但原始的史料告诉我们，在倭寇肆虐东南沿海的二百年里，大多数时候都是百分百的日本真倭，只有嘉靖年间的一个时间段，才有部分中国人参与。即使如此，哪怕放在中国人汪直做倭寇"老板"的年代里，真正破坏力大、战斗力强的，依然是其中的"真倭"。

这句话的含义是什么？套江湖片里的话说：消灭来窜犯的倭寇容易，但是铲除与倭寇狼狈为奸，共同荼毒中国百姓的内鬼，却是万分艰难！倭寇能够横行东南，就因有太多内奸作祟！

对照明朝嘉靖年间，中国东南沿海赤地千里的悲惨场面，这句话绝非随便说说。甚至说出这句话的朱纨，自己也付出了生命的代价！

因为在倭寇肆虐、几十个倭寇就敢在沿海烧伤抢掠的嘉靖年间，这些倭寇能闹这么大动静，最大的助力就是有"带路党"支持：浙江福建沿海的士绅豪族，以及明朝朝中为他们代言的官僚们。这些道貌岸然的精英，才是倭寇最大的帮凶，才是倭寇如此"强悍"的背后助力！

他们，就是朱纨所说的"中国盗"！

拜明朝开国后，二百多年来优容士大夫的政策所赐，到了明朝嘉靖年间，沿海的士绅豪族，已经形成了一个实力异常强大的利益群体，商品经济的发展，更叫他们从传统海禁政策里看到了无限的"商机"。于是长期嚣张肆虐的倭寇，自然与他们一拍即合，他们开始的时候，还只是给带个路、通风报信，发展到后来，则是出钱出力，联手走私烧杀，赚的每一分钱，都是沿海百姓的血！

为什么以日本战国时代战场败将为主的倭寇们能够在中国东南沿海肆意妄为？因为这些"中国盗"除了给倭寇提供带路的方便，还提供资金和技术支持，照以后来俞大猷奏折里的话说，就连明军的造船和火炮的技术，都被他们转手倒卖给了倭寇。也正是在这样的支持下，散兵游勇组成的日本倭寇，才在嘉靖年间变得正规化，有了比明军更精良的火铳装备，甚至有了规模化的军事建制，对付卫所制度下长期散漫的明军，一度呈压倒优势！

可以说，正是这些"中国盗"，像催化剂一样，促成了凶残倭寇在嘉靖年间的"升级"——从昔日的海盗团伙进化成强大的武装集团！

到了嘉靖中期的时候，这种"倭患"变成了新模式：沿海的匪徒与日本倭寇勾结成团伙，各路沿海士绅提供便利条件，竟然在中国海岛上建立了走私基地，双屿岛在今天许多日本专家嘴里还被称为"十六世纪的上海"，它上面有森严的堡垒和强大的贸易吞吐量，倭寇烧伤抢掠的财物全都在此地交易。甚至连当地的地方官员、军队也都为其大开绿灯。一些"专家"管这个叫"资本主义萌芽"，其实这所谓萌芽，就是用沿海军民的血泪喂出的！

嘉靖二十七年，"倭寇克星"朱纨，这位战功卓著的大明铁血统帅，也看到了双屿岛这颗中国东南沿海的毒瘤，于是终于下定了决心：割瘤！

嘉靖二十七年，明朝历史上著名的"双屿岛之战"打响了，调集重兵的朱纨亲自冲在第一线，摧枯拉朽的战斗仅用一天时间就将这个中国沿海倭寇巢穴彻底摧毁，大批欠下累累血债的日本、葡萄牙强盗，成了明军的刀下鬼。随后乘胜追击的朱纨，又陆续捣毁了多处沿海倭寇巢穴，嘉靖中期赫赫有名的老辈倭寇头领，几乎无一幸免，眼看号称"横行"的明朝倭寇，就要被朱纨一网打尽！

就在这关键时刻，那些躲在倭寇背后的"中国盗"出手了。当朱纨在前线浴血绞杀倭寇时，大批福建籍的明朝官员竟然巧舌如簧谩骂朱纨，说朱纨滥杀无辜百姓，甚至就连被朱纨剿灭的葡萄牙殖民团伙，都被这帮人说成来朝贡的商人。尤其是御史陈九德等人，奏折写得更是无耻加恶毒，终于使得不明真相的嘉靖皇帝做出了惩治朱纨的决定。蒙冤的朱纨悲愤自尽，留下这句悲愤警句：去外国盗易，去中国盗难！

所以，当同样手段强硬的胡宗宪就任总督，对沿海士绅家族采取软硬兼施的政策，强力清洗掉这些"中国盗"，断绝倭寇的内应支持后，戚继光、俞大猷等英雄部队才横空出世，把欠下累累血债的倭寇彻底追杀到安南，全数清除干净！

但"中国盗"的教训，明朝显然没有吸取，到了明末凄风苦雨的崇祯年间，那些手握巨额财富的东林党扮演了与倭寇时代"中国盗"同样的角色：和平年代拼命捞钱，不惜勾结外敌，逼得崇祯上吊后，再争着出来卖身投靠。但他们比那些勾结倭寇的"中国盗"更悲催的是，倭寇至少还能和"中国盗"勾结一下，换成李自成与清朝，遇上这些叛徒，基本就是杀杀杀！明末祸国殃民的几位巨贪如陈演、丁魁楚，他们骗崇祯骗了一辈子，最终却是李自成和清军代为清理门户！

一个至今争议极多的"倭寇"

一、带着奇异景象出生的娃

明朝弘治十四年,即1501年,徽州歙县雄村,一个神奇、灵异的小事叫当地人啧啧称奇了许多年:有个产妇生了个娃。

产妇生娃有什么好神奇的?听听这位产妇怎么说:孩子即将出生的一刻,她突然梦见一颗大星星从天上直冲下来,瞬间光芒无比。她吓得睁开眼睛后,孩子已呱呱坠地。再探头瞧瞧窗外,大雪纷飞,本来春意盎然的时节,花花草草竟全结了冰。

这个神奇场面中出生的孩子,后来的人生更神奇:半生纵横东海,把东亚海洋折腾得惊天动地,明王朝恨得牙根痒痒,日本人顶礼膜拜到今天。这位神奇孩子,就是十六世纪东亚第一海洋巨寇——汪直!

当然,走向海洋前,生得奇特的汪直曾经只是个歙县的普通混混:手里有三五个跟班,卖过私盐打过架,啥赚钱干啥,违法也干,但干来干去都是穷得叮当响。直到三十九岁那年,他偶然听母亲说到自己出生时的奇特景象,立刻想开了:我是要干大事的人啊,还在这里胡混什么?果断拉着同伙一口气跑到广东干大买卖——走私去!

走私这个买卖,那时正是最白热化的时候,明朝海禁森严,商品经济发展迅速,海防又稀松,好比招狼的肥肉。西方殖民者和日本倭寇更是早就一拨拨来抢肉,沿海一片群魔乱舞。兴冲冲赶来的汪直,扎进去就如鱼得水,攀上了东南最大的海盗许栋,做起了走私生意。

可正当汪直铆足了劲儿在海面上刨钱时，当头一声惊雷炸响：老大许栋被团灭了！

二、称霸日本的中国人

嘉靖二十七年（1548），决心彻底铲除海洋毒瘤的明朝名将朱纨，调集重兵攻打许栋盘踞的双屿岛。当时中国东海最强海盗势力，被揍得几乎一战团灭。作为许栋亲信的汪直，虽说侥幸逃过明军搜捕，却也只剩下残兵败将。但朱纨接下来被一群奸臣串通坑害，落得服毒自杀，漏网之鱼汪直，这才侥幸捡回一条命。

大难不死的汪直，随后也再度震撼了江湖：走私只是他的业余爱好，打打杀杀才是强项！

汪直的刀，立刻磨得雪亮，他在烈港（今舟山群岛）升起"五峰船主"的旗号，一反当年许栋的盗匪习气，对这群亡命徒进行军事化管理，日常作息乃至行军打仗，全有严格军事纪律条令，终于把这股乌合之众打造成了武装到牙齿的海洋军团。

这支军团多强大？不单战力强悍装备强，还有独特的海战"浑天仪阵"。如果说之前的许栋团伙不过是只窜得快的海兽，那么此时汪直的团伙就是一只变异的凶悍魔兽，其凶悍程度正如明朝官员罗龙文一声惊呼：官军何敢敌乎？

但不信邪的人从来都不缺，比如抗倭名将俞大猷，别人怕汪直，他可从来不怕，嘉靖三十二年（1553），俞大猷施展妙招，率精锐舰队奇袭汪直老窝烈港，一场狠拼硬打，叫无敌了五六年的汪直一下子被打吐血。幸亏汪直反应迅速，集结残兵迅速突围，总算侥幸活命。但捡了命的汪直，转头又在日本萨摩州松浦津上岸，轻松占住地盘。此后军队装备迅速扩张，他还给自己起了名号"徽王"，占住的地盘叫"宋国"，大摇大摆在日本称王称霸。

这段称霸事迹，后来许多半瓶子醋的中国史书说起来都是义愤填膺，说汪直数典忘祖，心甘情愿给日本人当汉奸走狗。可这话要叫日本人，特别是当时日本那些有头有脸的枭雄诸侯听着，都得忙不迭地喊冤：我们日本人长几个胆子，敢拿这大魔头当走狗？

事实上，对占了日本土地的汪直，各路日本诸侯们是又惊又怕，逢年过节都过来送礼，生怕惹这大魔头生气。日本沿海各路倭寇团伙更是争着跑来献殷勤，求这财神爷带着去中国沿海发财。汪直是汉奸？说这话那是抬举了日本人。

三、枭雄叛变了

但汪直接下来给中国沿海带来的灾难远比汉奸大得多。他的实力迅速膨胀，其主力巨型战舰能容纳两千人，密布精良枪炮，足以与西洋战舰争锋。其麾下精锐嫡系过万，经常数万海贼呼啸杀来，每次给中国东南沿海的骚扰，照《明史》里的记录，都是"残破数十城敦"，到处一片惨景。

明王朝也急得眼红，不惜开出高价码，谁要能把汪直逮着，立刻厚赏伯爵爵位。但多年以来，别说逮汪直，明军的沿海部队见了汪直的旗号，经常果断开溜。甚至汪直的船队有时大摇大摆杀进沿海港口，地方官立刻忙不迭来交保护费，见了汪直的跟班保镖，都恨不得打躬作揖：您老人家想抢谁都行，千万别抢我这儿，要钱您就开价。

汪直的产业迅速做大做强，中国与东南亚欧洲殖民者的贸易也被汪直一手垄断，从中国巧取豪夺抢来的货物，倒手就卖暴利价格。先跑到中国打劫，再把日本和东南亚两边来回宰，基本就是大魔头汪直的滋润生活。

但等到明朝名臣胡宗宪正式就任浙直总督，担起明朝抗倭大任之后，汪直这滋润日子终于到头了。

不管后人对胡宗宪的评价有多少争议，他绞杀倭寇的做法却是从来没争议！胡宗宪到任后撕下脸从朝廷里抢军费，启用戚继光和俞大猷等战将，只要能灭倭寇，朝廷要钱给钱要权给权。曾经窝囊的明军，也骤然胆气十足，灭倭战绩不停好转。汪直这边，也是压力倍增。

自从在日本称霸后，汪直部队的炮灰基本就是日本人，胡宗宪来了后，做炮灰就成了送死。许多给他打先锋的日本团伙，都是"全岛无一归者"。被打的次数多了，当然也就怨声载道，汪直也发现，不能再这样活了。

就在汪直认清残酷现实的时候，胡宗宪又出招了——直接派使者上门问候：为什么一定要打呢？不妨谈谈？

这个问候，一下挠中了汪直藏了多年的痒痒肉：明朝打击海寇的决心坚定，实力也越发强大，一味对抗下去，迟早有覆灭的一天，不如趁着手里还有本钱谈谈条件。谈着谈着，汪直竟破天荒让步了，在胡宗宪的授意下，主动出面替明朝绞杀了多股海贼倭寇，惊得各路海寇大跌眼镜。

四、憋屈的死法

能叫汪直下这么大决心办这件狠事，也因为胡宗宪一个无法拒绝的承诺，亦是汪直一辈子的梦想——海上互市。只要明朝能开放海禁，甚至设立贸易互市，以自己的强大资源，这互市还不落到自己手里？到时候躺着都能大把圈钱，当然好过打打杀杀，就算当叛徒也认了。

于是，双方谈了许多次，捎带合作了许多次，最重要的是，汪直看到了这位胡总督征战杀伐的果决，还有明军直线飙升的战斗力，于是终于做出了最艰难的决定：在嘉靖三十六年（1557）亲自上岸，向浙直总督胡宗宪投降。胡宗宪当时也热情招待，拍胸脯保证一定为他争取好的官职待遇，等到互市一开，大家从此欢欢喜喜发财!

但就是这个决定,彻底要了汪直的命。胡宗宪想和汪直合作,斜刺里却杀出个拦路虎——巡按御史王本固。听说汪直来了,他二话不说,先把汪直抓了起来,然后果断上奏朝廷,饶是胡宗宪拼命营救,但嘉靖皇帝直接下了诏书:直背华勾夷,罪逆深重,命就彼枭示。这下神仙也难救。嘉靖三十八年冬,汪直,这位东亚海洋上的一代枭雄,最终在杭州被处决。

在明朝整个抗倭史上,汪直之死都是个重大转折点,就如汪直临死前感叹,失去了他约束的倭寇,必然会凶性毕露,整个东南沿海再遭新一轮荼毒。但也正因为他的死,倭寇从此彻底群龙无首,不再有整齐划一的阵仗指挥,也方便战斗力强大起来的明军各个击破。无论作用好坏,他的死确实意义重大。

五、死得冤不冤

以罪行说,汪直的死没什么冤枉的,甚至死有余辜,正是在他的指挥下,大批倭寇常年肆虐东南沿海,给沿海人民带来深重灾难。可笑的是,他还在狱中反复辩解,说正是自己的严格管理约束,才叫倭寇不敢随意烧杀。

尤其好笑的是,直到今天,为汪直辩白的声音也不少,甚至还有论调说,如果汪直不死,他的"互市"愿望成真,中国将迎来一个大航海时代云云。其实仔细看看汪直的条件就知道,他的海寇军团才是阻塞当时明朝打开海上大门的毒瘤。真要依了汪直的条件,也不过是把他的海盗工作合法化,所谓海外贸易市场,绝大多数都会是他的自留地!

随着嘉靖晚期肆虐东南沿海的倭寇的彻底覆灭,拥有强大海军的明朝,终于在隆庆年间正式开关,从此东南沿海贸易蓬勃发展,直接助推了辉煌的"隆万中兴"。用西方学者的话说,这条海上丝绸之路,从此进入最繁荣期,全球每年三分之一的白银流入了中国。汪直的死,并没影响后面这红红火火的景象。

一个国家有强大的国防和能够捍卫国门的海军,才是国家贸易兴盛的关键。没有这个底气,招安任何人,都是伪命题。

严嵩真有这么坏?

明朝成化十六年,即1480年的3月3日,中国江西省分宜县一个贫寒读书人家出生的孩子,后来成为明朝政治文化领域有重大影响力的强人。

这个孩子的家境,虽然比较贫寒,但也是世代书香门第,父亲把光耀门楣的希望全寄托在了他的身上。他自幼就受到悉心培养,深受圣贤书熏陶,早早立下了报国志向,读书也分外刻苦,十多岁的时候,一身才华就惊动了地方官,还幸运娶到了当地名门欧阳家族的小姐,年纪轻轻就以十分励志的方式证明努力的少年运气绝不差。

待到长大成人,这个努力的少年成了魅力美男,生得分外俊朗,举止十分优雅,才华也日益迸发,诗词文章在当时都已极有名气,还练就一手漂亮的书法,当时仿佛是文艺界黑马,后来更冠绝大明天下。不但许多旅游胜地都争着标榜他的提款,就连一款北方人早餐常吃的老字号酱菜,名号据说都是他亲笔所题。

他二十五岁就考取了进士,之后好多年里,都是明朝政界品德与才华俱佳的青年楷模，不但工作出色，而且讲究气节，形象十分好，后来更官运亨通，坐上了内阁首辅的高位，真是全面赢家。

这样风光的人物，是否值得羡慕？且慢羡慕，因为其人生唯一一个败笔，就足以把其他所有辉煌全部地败光，活着的时候就是举国唾骂，死后更被艺术加工，成为野史里常刷脸的奸人形象。这个败笔是什么？宦海浮沉里，他几十年如一日，祸国殃民！

如此奇特人物，就是明朝历史上大名鼎鼎的巨贪奸臣严嵩。

虽然说起这个人物，直至今日，许多人都恨得牙痒痒，但是比起他那招恨的后半辈子来，他的前半辈子更值得唏嘘思考：在身败名裂之前，曾经的严嵩，正如开头所写的那样：充满人格魅力，满怀远大理想，渴望着青史留名，他不但这样想，也曾努力这样做！

这位二十五岁就高中进士的青年俊才，当年科考的答卷上，就以飞扬的文采和满腔的治国热情，深深打动了一干苛刻考官，顺利考取了庶吉士，而在翰林院读书时，他的眼光见识，把号称"李公谋"的明朝大学士李东阳一下子惊到。亲手提携他的恩师，后来正德年间一代名臣杨廷和，更是对他悉心栽培。这几位当时朝中的重臣，也许彼此政见不同，但对严嵩的看法却相同：这是他日足以担当大任的栋梁之材。

让这些老臣最惊喜的还不是严嵩的才华，而是人品。严嵩不但生得英俊，还是他那一届里公认的头号美男，品德更佳，对父母十分孝顺，做事十分讲究原则气节，尤其感动大明官场的一件事是，在正德四年（1509），遭逢母丧的严嵩回家丁忧，却在丁忧期满后依然拒绝出来做官。用他自己的话来说，朝中宦官专权，正德皇帝沉迷享乐，自己虽然无力阻止，但也绝不同流合污。

在那个诸多官员纷纷攀附权贵的年月里，严嵩这番表现简直成了业界良心。而且真是说到做到，回家盖了个草屋，和妻儿一起生活，每天以耕读为乐，还说：地僻柴门堪系马，家贫蕉叶可供书。这苦日子，我知足了！

这番表现，令英俊有才的严嵩在短短几年里就成了明朝官员眼中的道德模范，恩师杨廷和更是痛惜，这么好的青年闲着哪行啊？身为百官之首的杨廷和亲自给严嵩写信：回来吧，国家需要你。这才劝得严嵩回心转意，重新出来做官。消息传开，许多人都啧啧称赞，成为当时官场美谈。

如此模范的青年，当时的人生路线俨然就是朝着良臣的方向走，怎么最后会落到奸臣的地步？

其实只要看看他之前的事情，就能发现：安贫乐道也好，淡泊名利也罢，他都做得十分高调，高调得几乎叫天下人知道，虽然淡泊名利，交友却很广，和当时朝中很多名流结交，凭着好人缘得到不少力捧，成功树起了楷模形象，放在今天看，也是个炒作高手。

名利场上炒作并不奇怪，而严嵩最大的毛病是虽然一直满怀理想，一身才华，但是长期以来，他都是一个相当不负责的人。不负责到什么地步？举个例子就知道：正德十三年，他受命去广西传旨，回来的路上正遇上宁王叛乱。如此紧急情况，身为朝廷命官，他却撒腿就跑，直接跑回家隐居，连工作都没交接。如此严跑跑作风，贯穿了他的一生。

奸臣的潜质，从这件事就已经暴露出来。

到了嘉靖帝在位时，高情商且一身才华的严嵩，很快在嘉靖帝的宠信下脱颖而出。遇上嘉靖帝这样的皇帝，确实是严嵩的机遇，只有嘉靖帝这样刚愎自用的帝王，才会最偏爱严嵩这样事事依附的大臣，于是在嘉靖年间阁臣的几次争斗中，严嵩笑到了最后，还把竞争对手，明朝著名政治家夏言坑到法场杀头，说是他手段高超，背后却是嘉靖帝支持，嘉靖需要的就是严嵩这样百依百顺的跟班！

但是这几件事说起来距离身败名裂确实还有距离，哪怕他十分出名的贪赃枉法行径，其实在明朝也不算稀奇。甚至在私生活上，严嵩也一直是楷模，一生与妻子恩恩爱爱。就这件事，他很负责。

但他最不负责的却是国事。严嵩与之前的内阁首辅们，一个最大的区别是，前任的阁老也许都有问题，但都是负责任的政治家，别管因权力问题掐得多狠，国家的原则大事绝不会胡乱甩手。举个例子，嘉靖帝最早宠信的阁老张璁，是靠踩掉严嵩恩师杨廷和上位，但张璁上任后，杨廷和先前的政治主张照样全盘继续，绝不推倒乱废，因为他知道，国务与私人恩怨，互不相干！

严嵩在这点上差得远，比如坑死夏言这事，严嵩把夏言生前诸多富国强兵的举措全部废除，结果闹得本来已经好转的北方边防，立刻全面恶化，还被鞑靼打到北京城下，急得嘉靖帝问严嵩该咋办，严嵩却轻松回答，皇上您放心，就让他们抢，抢完了他们就走了！

东南防备倭寇，也是如此混账，本来在名将张经的主持下，倭寇已经连续吃败仗，但严嵩却因为私人恩怨，害得张经含冤而死，而东南也顿时大乱，被倭寇一顿烧杀。虽然后来平定倭寇的胡宗宪也是严嵩举荐，但这个坑确实是他挖的。

在贪污腐败问题上，虽说很多明朝阁老也并不干净，但严嵩却彻底突破尺度，前任的明朝阁老们，没有一个公然卖官的，严嵩却明码标价，跑官卖官成了常见现象。照着后来主持隆万中兴的政治强人高拱的话说，严嵩最大的罪过不是他自己贪污了多少，而是带坏了整个国家的风气！

这样一个不负责且突破尺度的巨贪，联想当年的好青年形象，看似匪夷所思，其实变坏的因子，从他不负责任的性格上就已经早早注定。不负责的严嵩，最终落得狼狈倒台，乞讨而死。一个不负责的人，无论多么擅长标榜，被推到负责的位置上，必然造成灾难。

明朝海军的重生

大明王朝的各种辉煌里，十分亮眼的是海军。

但明朝正德至嘉靖年间，第一波葡萄牙船队抵达中国东南沿海时，却是一瞧就乐了：沿海上的明朝战舰，基本就是两桅杆的小船。

如此惨淡景象，令当时的欧洲殖民者一度十分张狂，用葡萄牙舰队司令皮雷斯的狂言说，一艘葡萄牙船的战斗力，就相当于二十艘明朝船。这话虽说狂妄夸张，可嘉靖初年，明朝水师与侵扰东南的葡萄牙舰队打过两次惨烈海战，虽说都把葡萄牙人痛揍一顿，却都是集中优势船只火力围殴。战舰对战舰一对一较量？以多打少都打成惨胜，单挑可想而知。

曾经造巨型战舰如家常便饭，常年纵横蓝色海洋的大明海军，真缩水到这般田地了？说起来，这就是自郑和下西洋华丽谢幕后，一本攒了百年的烂账！

一、自废武功的大明海军

对比一下此时东西方的造船技术就知道，明朝非但不差，许多技术环节还有独家优势。可技术优势再强，缺钱照样玩不转，明朝水师的第一大毛病就是差钱。

明初的军事制度是著名的卫所制，国家把军队划成各个卫所，划拨土地产业，自给自足维护军备开支。明太祖朱元璋曾得意地说，这叫"养兵百万不费国家钱粮"，在明初一穷二白的条件下，这个制度确实给军队打了鸡血，明初在东部沿海一线，共设五十八个海防卫，凭着手里有地有粮，海军装备蹭蹭升级，到永乐时代更是鼎盛，沿海大小战船数千艘，每年一次性造船就常达数百艘。郑和下西洋有强大阵容,己所制度就是保障。

但是再往后发展,就不行了。

再好的制度设计,也架不住越演越烈的土地兼并。从十五世纪中叶起,各个卫所的土地大量流失,放在海军这个烧钱的兵种上,更是砸锅卖铁都白搭,大型战船无力维护,拆的拆卖的卖,福建、广东一些重要海防要地,许多船只用了七八十年也不见换。士兵逃亡严重,理论上该守备森严的卫所,经常跑得就剩几十个人,担负海防重任的广东、福建,兵源缺额竟高达六成,有些理论上该有数十艘战船的防区,能开出一艘船来就算不错了。

于是,从十五世纪下半叶起,所谓大明水师,其实就成了一群老弱残兵,驾着几艘破旧老船,好似一个长期吃不饱饭的壮汉,再壮也落得惨淡可怜。

这么个困窘情况,嘉靖初年的广东水师还能够拼死一战,两次群殴嚣张的葡萄牙舰队确实已是超水平发挥了。

二、一位老干部的怒吼

那经过这惨烈一战,衰败多年的大明水师,是不是从此知耻而后勇了?答案是更衰。

明朝水师为何落到这步田地?其实缺钱断血还只是表面原因,关键是缺脑。明朝建国时,沿海倭寇闹得厉害,于是明太祖朱元璋一拍脑袋,定下了森严的海禁制度,民间擅自出海都要定罪。可海禁也意味着沿海贸易断绝,大明朝的外贸收入也就泡汤,等到土地兼并越演越烈,军队跟着断血,这么大阵仗的海军当然就养不起了。

在葡萄牙造访明朝沿海时,大明正为这无脑国策买单,一边是东南商品经济发展,走私越发猖獗,一边是日本战国内乱升级,沿海倭寇汹涌,乱成一锅粥时,葡萄牙殖民者也来添乱,更是乱到不可收拾。此时的嘉靖皇帝朱厚熜却更加刚愎自用,眼看乱成一团,竟认定是海禁还不够严,于是继续厉行禁海,号称严打倭寇。可是越禁海军越衰,越禁倭寇团伙越多,整个一恶性循环。

于是,在这样的笑话里,"嘉靖倭乱"越演越烈,大小团伙群魔乱舞,争相在沿海烧杀抢掠。明朝东南富庶的城市、村庄,成了各路海盗、倭寇乃至欧洲殖民者眼里的诱人肥肉,高兴了就驾船过来宰一刀。曾经拥有世界上最强大海军的大明朝,就在这导致恶性循环的无脑国策下,把关乎国家命运的海防活活折腾成了豆腐渣。

如此狼狈状况,东南沿海的文武官员们,亲历了无数次丢人现眼场面后,倒是都心知肚明,可就算心知肚明又如何?此时大明朝在位的就是那位出名奇葩的嘉靖皇帝朱厚熜,这位仁兄,一辈子除了炼丹修道求长生,就是各种瞎指挥。东南沿海的倭乱,他倒是高度重视,可越是重视,越是瞎指挥,使得大明朝高调的剿倭行动,打来打去常打成笑话。

照这样下去,豆腐渣的大明海防,很快就将有海无防。北方还面临鞑靼侵扰的大明朝,至少会面临东南财富完全断血的严重局面,参考一下两线作战的明末崇祯帝最终悲情上吊的情景,这严重局势的发酵后果,细思极恐。

但比起大臣们集体唱高调混事的明末崇祯年间,嘉靖帝治下的明朝大臣们至少还有担当的勇气。嘉靖三十八年(1559),一位退休后再次返聘的明朝老干部,在以兵部主事官职受命在浙江前线考察抗倭军情后,终于给嘉靖帝送上一份石破天惊的奏折:《条陈海防经略事疏》。奏折里还有一句话:年年御倭,何时事了?

大明朝为了对付区区海盗,年年这么大张旗鼓,打起来却稀里哗啦。什么时候是个头?

这位敢说话的退休老干部,正是明朝十六世纪的传奇强人唐顺之!

三、明朝海军重生

乍一看去，唐顺之这人，属于明朝官场上的普通一族，早年在翰林院刷过脸，后来退休在家闲住二十年，五十岁时才重新出山。但事实上，他是在明朝十六世纪文化圈里如雷贯耳的全能人物，身为阳明心学第三代传人，还是唐宋派诗词的牛人，亦是明代天文数学大家。他不单文理通吃，更兼文武双全，门下一个跟他习武的弟子，就是后来多次吊打倭寇的民族英雄戚继光，他手把手传给戚继光的看家本事，正是碾压倭寇的鸳鸯阵。

这么个全能强人，眼光自然超凡，上前线走了一圈，立刻看到了毛病。而且他还像当年做官一样，看到毛病就说，嘉靖皇帝的脸也照打！别人若打嘉靖脸，可能立刻惹嘉靖发飙，但唐顺之的名号，却叫嘉靖帝没脾气，反而立刻就如五雷轰顶，然后就召集各路群臣大讨论。有唐顺之带头，大臣们就像打开了话匣子，大明朝三十年来错误的抗倭做法，各种自废武功的罪状条条被拿出来批，终于批得刚愎自用的嘉靖帝面对现实：重振大明海军！

多年来仿佛被蒙上了眼睛在胡同里乱转，且动不动就撞得头破血流的大明海防国策，这下终于睁开了眼睛，开始走上正确的道路。

首先最关键的就是给海军补血，充当急先锋的，就是戚继光与俞大猷，唐顺之在朝堂上开骂完毕后，浙江的海军就开始满血复活，多年来竭力主张加强海防的俞大猷，从此大展拳脚。他手把手建立的"俞家军"水师，成为一支重要的海上力量。

唐顺之的爱徒戚继光，更是青出于蓝，世人只知戚家军陆战凶悍，其实从嘉靖三十九年起，他更倾注心血，在台州建立一支强大舰队，不单有凶悍的小型战舰，更有足以与葡萄牙殖民者战舰争锋的一号福船。这支新型战舰队，以及与二十七年后英国舰队类似的火器编队轰击战术，自诞生起就驰骋海洋，成了倭寇翻不过去的海上长城。

与这两位虎将相对应的，就是明朝东南沿海整个海防体系的满血复活。幡然醒悟后的嘉靖帝，不但给钱给权，而且做出重大调整，水师不再依附于陆地的卫所，而是形成独立的水寨，这是中国海军第一次脱离陆军，成为独立的兵种。沿海废弛的海防基地，更是从此焕然重生，浙江、福建、广东的各个水寨，都有精良的常备舰队。

大明王朝的灭倭战争，也从此局面逆转，从前被倭寇声东击西，凭着海洋优势肆意吊打的大明海军，从这时候起开始以强大舰队多次聚歼倭寇于海上，并最终跨海远征，将最后一支倭寇歼灭在越南万桥山！明朝海军的强大实力，甚至也叫欧洲殖民者们看后服气，以西班牙人的说法，明朝战舰的坚固耐久，通常是西班牙战舰的两倍，西班牙驻菲律宾的据点，更是从此坚决仿造明朝船只。

该灭的灭掉了，该服气的服气了，从明朝隆庆年间起，大明朝也终于放心打开了国门。隆庆开关之后，世界上三分之一的外贸白银一度流入中国，沿海贸易红红火火。这红火的场面，不是来自哪位大人物的雄才伟略，而是一支强大的海军浴血护卫换来的。

… 第二章 短暂中兴

明朝中兴,首先要归功于一位"窝囊"皇帝

大明隆庆元年（1567），是一个明朝人记忆中景况极度残酷的年头。

这年的困难程度,按当时的学士、后来的铁腕强人张居正的晚年回忆讲:"曾有异于汉唐末世乎？"

从辽东到甘肃,鞑靼土蛮骑兵动辄十几万人,打砸抢烧,从江西到广东,不是民乱就是海匪。

还有水旱、地震等自然灾害,中央的钱粮储备最窘时只够用三个月,里里外外,山穷水尽。

这类事情,每一件单拿出来,都可以和六十年后的明朝崇祯末世比惨。但在当时明朝许多大臣眼里,最令他们绝望的却是大明朝的新皇上隆庆帝朱载垕。

这位三十岁的青年帝王,上任没多久就展现出一个令群臣如凉水浇头的形象——又懒又傻！

一、极品新皇帝

在登基之前,身份为"裕王"的隆庆帝朱载垕,是个深得同情的苦命人。

他的父亲嘉靖帝，性格深沉多疑，对儿子百般提防，连母亲康妃病故，作为儿子哭求为母守孝，都被下旨喝骂，因此朱载垕也养成了沉默寡言的性情。

特别心酸的是，虽说十六岁就受封了"裕王"，却连户部管宗室俸禄发放的小官都敢随意拿捏他，堂堂王爷竟常要举债度日。

在登基早期，这位出名的苦命人也一度工作努力，每天准时参加朝会，脾气还很好，比起他那位小心眼的父亲嘉靖帝，简直堪称暖男。虽然话不多，却简单一两句就能把大臣说得感动，如沐春风的形象，很快美名远扬。

可就在大臣们的振奋中，这位暖男不知不觉就变了。

朝会很快去得少了，好不容易出席，大臣正吵得血脉偾张间，只见皇帝陛下双目放空状，痴痴望着远方，于是多次重大会议，就在他思考人生的时候尴尬收场。火烧眉毛的麻烦，都是甩手叫大臣们自己办。一次阁臣李春芳捧着奏折一路追进寝宫，都没请示出半句准话，连累带气吐了血。

接下来又叫大臣们吐血的，是他丰富多彩的娱乐生活。

从登基早期起，他就多次从民间选秀女，每次三百多人，隔些日子就要入洞房，后宫天团越发壮大，娱乐内容丰富，不是游玩射猎项目，就是充满欢声笑语的饮宴，大臣们入宫请示工作，常见皇帝陛下左拥右抱，花天酒地。

他一度喜欢收藏珍奇珠宝，派人撒网似的全国各地淘，每次送来新宝贝，都兴致勃勃亲自鉴定，每样都亲笔写鉴定报告。他那流传后世的"鉴定书"，许多知名藏家看后评价其绝对是火眼金睛。

但这件事办起来特别费钱，淘了没几次，皇帝的私人府库就给掏空了。他倒毫无负担，厚脸皮下诏书让户部求买单，气得户部官员几次退还诏书，还引得言官骂了几次，他却充耳不闻，一遍遍写诏书要钱，终于从户部刮来十万两白银。其间的几份诏书，还被当代一些日本商业教材收录，认为是经典谈判案例。

类似的事多了，这位新皇帝的"美名"自然远播。按《万历野获编》的说法，当时明朝流行一种绘制春宫图案的瓷器，据说全是特供皇帝陛下业余把玩的，一上市就价格飙升。朱载坖的风流韵事，也跟着有鼻子有眼地传开了。

但臣子们却是越发忍够了：国事如此糟，你竟跟着糟？

各类的奏折雪片般飞来，一开始还是言官御史，后来连内阁重臣也跟进。吏科给事中石星警告他要再这么糟蹋身体，小心短命活不长。兵部郎中邓洪震说他这种偷懒享乐，几百年里就没几个。类似夹枪带棒的奏折，每天都像炮弹一般砸过来。

可朱载坖却十分不在乎。除了说他短命的石星被拉下去打一顿后赶回家，大多数骂他的奏折，多难听他都听，听完了就扣住了事，最后糊弄个不了了之，管你怎么骂，我就这样活。

如此"帝王胸襟"，看得许多直臣痛心疾首。以刚直著称的老臣郑履淳，甚至发出一句石破天惊的怒吼："自开辟以来，未有若是而永安者。"

自从开天辟地，就没见过这么吊儿郎当还能开创盛世的。

如此怒吼，喊出的也是当时一批极有责任感的大臣面对时局的愤懑绝望。但接下来的事实却更结结实实地打脸：这个让大家愤懑开骂的隆庆朝，非但没有成为末世，相反被后世史家一致认定，这是中国著名黄金时代"隆万中兴"的开始。

造就这力挽狂澜业绩的，正是他们眼里又懒又傻的隆庆帝朱载坖。

很多人都知道，他早年很苦很窝囊，但很多人不知道，他见惯了民生疾苦，深谙官场炎凉。这个帝王必修课，他比好多皇帝都懂得早。

他父皇对他虽刻薄，却一直拿他做接班人培养，为他配备的老师，高拱、张居正、陈以勤、李春芳，个顶个政治天才，更堪称大明最强教师天团。他的帝王手段，更好似博采众长的独门武功，早已磨炼成熟。

即使君临天下后，当年的辛酸艰苦，他也不曾遗忘。一次批奏折，看到有地方官请求表彰孝子，他竟忆起了母亲与往事，当场潸然泪下。这满是泪的记忆，也种下了他一直恪守的理想，正如几年后他对心腹重臣高拱的感叹：登基以来遇过很多难事，但不曾忘记的是登基诏书上那八个字——通便合宜，大弘新化！

事实证明，他兑现了这个铭记终生的承诺，正如《明实录》所赞："属任大臣，引大体，不烦苛，无为自化，好静自正。"

用两个成语来形容就是，知人善任，外柔内刚。简单的八个字，正是朱载垕独家执政绝活。

又懒又傻？只是其中招式！

二、其实真不傻

朱载垕之所以"又懒又傻"，是因为他明白，大明毛病很多，但其中病根就一样——吏治。

吏治问题中，最触目惊心的，是如病毒升级般加剧的贪腐。

偷偷摸摸的腐败行为，比如行贿受贿贪污公款都成了台面上的规矩。至于前辈教后辈贪，领导带下属学坏，更是司空见惯。高拱曾形容"居者既长恶不悛，来者亦沦胥以溺，是以贪风牢不可破"，贪腐简直铁板一块。

官场风气更堕落无极限。大臣赵贞吉曾说，逢迎拍马成了谦虚，人浮于事成了敦厚。民间形容更尖刻：公室之豺狼，私门之鹰犬。

类似的问题，六十年后的崇祯皇帝也遇到过。但朱载垕的认识显然比崇祯帝高一个档次：四方万国，岂朕一人所能遍查。实赖藩臬司郡县诸臣与朕分理，共图至治。按现在话说，就是要群策群力，依法治国。

但要做到这个，就和捕鸟道理类似，不但要张好网，关键是要布好饵料，把香味放出去。朱载垕的"又懒又傻"，就是在刮香风。

就在歌舞升平里，朱载垕的第一张"大网"——京察，开始了！

京察这件事，此时已流于形式，对官员的考核基本都是走过场，常是权钱开道，长期以来好官越考越少，贪腐分子扎堆。所以这次大家都以为依然是走过场。

朱载垕整顿吏治的突破口，正放在这次只针对京官的京察上。隆庆元年正月，炸雷似的京察结果公布：几十年未见的严厉，大批京官被罢黜，甚至以往有都察院保护，从来惹不起的言官们，这次竟有一多半落马。

如此凶悍，正因这次主持京察的是吏部尚书杨博，这位能臣资历老脾气倔，原本协同京察的都察院也被他挂起来当摆设。反贪，他是认真的！

当然从具体成果上说，杨老大人反贪也没忘乡党，身为山西人，京察中竟一个山西人都没抓，热爱家乡到如此明目张胆，京城一片哗然。

果然结果公布没多久，吏科给事中胡应嘉就愤怒上书，强烈抨击杨博在京察中包庇老乡的可耻行为。类似这样的事，每一次京察都司空见惯，绝大多数的皇帝也从不拿来当事，尤其是极少处置言官——认真你就输了。

可出乎大家意料的是，正忙着选秀女玩珠宝入洞房的朱载垕，听说杨博挨骂了，表现十分较真，竟气呼呼地写了个诏书给内阁，"责其抵牾，下阁臣议罚"。也就是说，这个叫胡应嘉的言官实在不像话，你们内阁商量下，给这家伙一个教训。

诏书发到内阁，也是一片哗然。但朱载垕等的就是这一幕。他要以这份诏书做引线，引出那股潜藏在吏治暗流下的力量。只有这股力量，才可真正摧毁铁板一块的贪腐吏治——党争！

党争的双方，就是此时内阁的两位高官。一派以高拱为首，高拱是朱载垕在潜邸时的老师。一派以徐阶为首，徐阶是内阁首辅且是辅国老臣。

这事在任何皇帝看来，都特别烦，但在朱载垕眼里，却可以用！

三、借力来打力

徐阶与高拱，都是干实事的人才，徐阶号称"甘草宰相"，高拱绰号"高胡子"，一个老好人，一个做恶人。所以朱载垕的态度是，既然你们要打，这次就给你们扔个靶子——胡应嘉。

作为徐阶的铁杆打手，胡应嘉早撕咬过高拱很多次，果然内阁开会讨论，高拱的小弟郭朴直接定了调子：罢官回家去。身为首辅又是胡应嘉靠山的徐阶，却一反常态地沉默。

这处置决定，好像揭了火山口盖子：徐阶的心腹前仆后继纷纷上奏骂高拱。高拱又怎是吃亏的人？也发动队伍反击，但几个回合就被骂得狼狈不堪，只得慌不迭回家养老去了。

以《国榷》的说法，徐阶大人一句话不说，故意拿个胡应嘉当诱饵，轻易就叫高拱上了钩，然后一顿群殴将其打跑，真是老奸巨猾。

但接下来的事实说明，输家是徐阶。他的一脉人马暴露在朱载垕眼前，且"人颇以阶为甚"，太过分惹了众怒！于是徐阶吃惊地发现，自己的打手不是被整，就是主动辞官，内阁的其他几位同僚都对他阳奉阴违。就这么憋屈了几个月，到隆庆二年他终于认命，打报告辞职回家去了。

更想不到的是，由于大批臣子卷入对骂，互相揭短极多，接下来秋后算账，揭了谁的短，就一样样较真查办。好比俩大巨浪碰撞，冲刷效果极好。

朱载垕借着这冲刷效果，第二年又查地方官，第三年再查京官，第四年又单独查言官，第五年再查京官，大扫荡比朱元璋都强硬，更动真格：仅隆庆二年就罢免法办一千六百多人。如此难事，借着党争助力，不动声色办好了。

这场被低估的京察，对整个隆万中兴的走向和影响都超乎寻常的重大。

朱载垕更证明，论钓鱼执法，徐阶还要靠边：隆庆二年他先喊穷，说朕买珠宝都没钱，果然陕西官员姜子羔拍马屁：以后地方官进京汇报工作，都得给朝廷交钱，皇上您就别愁了！朱载垕等的就是这马屁，还有这陈规陋习？查！这下顺藤摸瓜，把这正德年间起就越刮越猛的歪风狠打下去。拍错马屁的姜子羔遭降职受罚，成了官场笑话。这事给了群臣一个信号：这个皇帝表面好脾气，其实惹不起，千万别蒙他。

之所以徐阶高拱掐架后，最开始是高拱走人，原因也正在此：国家积弊丛生却更要稳定第一，所以需要徐阶这样的"甘草"。直到该深入整风了，隆庆三年十二月，高拱王者归来。

为保证整顿成功，朱载垕还打破旧制度，让高拱老师以内阁大学士身份兼吏部尚书，行政人事一把抓，这样高度信任，高拱也不含糊，上来就大手笔，贪官除了赔钱还要罚，劣迹公告全国。只要敢贪，不罚死也要臭死！他亲手法办了一百六十多起大案，让腐败分子生不如死。谁要是廉洁奉公，就会获得加"品级服俸"的奖励。既给廉政干部备好鲜花，又给贪腐分子扎好笼子。

这么大的行动，更严格依法办事，尤其是恢复"朝审"。这本是明英宗定的规矩，每年霜降时节，集合三法司和各部大臣，复审盘查冤假错案。但这事既麻烦又得罪人，嘉靖年间干脆停摆。到隆庆元年，朱载垕则做出一个惊人举动：重启朝审。

高拱复出主持朝审后，一直认真到家：每年九月举行，但八月起就要开始忙活，至少一个月时间复核案卷，会同三法司官员走访牢房面审，成果最大的一次，四百七十多件案子，一口气查出一百三十九起冤案。之后大明的吏治焕然一新，堪称"数年之内，仕路肃清"。

吏治好了，等于病根治了，接下来就是大明两样大毛病：缺钱、兵弱。要治这俩毛病，就要像他诏书里承诺的那样：大弘新化，也就是实行"新政"。

四、重建铁血军

朱载垕的"新政",表面不出名,却使国库储备充裕,边关日益安定,该治的毛病都治好了。

和整顿吏治一样,他做这事的方式,依然是选正确的人做正确的事,自己在背后拿捏。许多改革更是独辟蹊径。比如开放海外贸易这事,不开,闹海匪,开了,违祖制,他却是直接在福建月港设特区,如此擦边球,效果十分显著,此时中国外贸繁荣,一度世界三分之一白银涌入,被欧洲尊称为"银泵"。

但朱载垕执政生涯里最痛苦同样也影响极深远的改革,却是军事改革:重建一支铁血勇猛的大明虎师。

在他登基早期,这是一件极头疼的难题,其中最令朱载垕痛心的,就是"石州惨案"。

隆庆元年九月,鞑靼阿勒坦可汗之子黄台吉,以数万骑兵侵扰山西石州,周边数万明军全都看热闹不救,导致石州知州刘亮祖殉国,鞑靼骑兵奸淫掳掠八天,疯狂屠戮,数万军民遇害。如此耻辱景象,举国震动。

朱载垕当时极度悲痛,收到奏报十多天都是面色铁青,但他更知道,一味强硬严办是不行的。

于是朱载垕式的整顿又开始了。先是造声势,诏令百官都发表意见,然后依法追责,所有的涉案官员,从巡抚到总兵再到各级武将,都严格按照法律公开审理。随着这些人受到严惩,政治信号也昭示:朝廷要整顿军备,赏罚分明。

接下来的举措里比较有名的,就是戚继光等抗倭名将奉命调驻北方。人要选好,规矩也要定好,更重要的是经过内阁商议,定下了"御虏十三事",即军事改革全盘方案,包括了落实责任、选拔武将、将领战绩考核、军用器械管理、后勤补给甚至军费来源等各方面。隆庆年间的军事进步,都是完全按照此规划进行。

这次改革最亮眼的地方就是"责实效，重将帅"，简单六个字，改了明朝自土木堡后重文轻武的风气，放手给武将实权。后人津津乐道戚继光在蓟州的功绩，艳羡那支战力升级打得鞑靼骑兵不敢靠近的戚家军，其实所有的功勋，首先不是有赖哪个权臣支持，而是大明从隆庆年间起对此方案的严格执行。

明军战绩明显改观，尤其是面对最强悍对手鞑靼可汗阿勒坦，更是翻身仗连连，不但多次击退其侵扰，而且连番霸道反击，据后来阿勒坦在"隆庆和议"上的奏折说，那真是"边关野草尽烧，冬春人畜难关"。

此后奠定大明西北和平的"隆庆和议"，册封阿勒坦为顺义王，不战而屈人之兵的辉煌业绩，正是大明军人浴血打出来的。

另一件事更宣告了强悍大明军队的破茧重生——隆庆三年大阅。

在张居正的主张下，这场大明十六世纪最大规模的阅兵仪式，经过一年多强力整顿后，终于在隆庆三年九月霸气上演了：经过艰难的改革，终于脱胎换骨的大明十二万虎师，在满朝文武面前，迸发出了全新的风貌，不但声势浩荡震天，排山倒海的呼喊声令大地震颤，更演练了从作战阵法到骑射技术等各样技能，彰显强大实力。《国榷》称之为："军容之盛，近代罕有。"

后人常感慨朱载垕之子即万历皇帝朱翊钧的一件事是，尽管几十年不上朝，但大明军力却不差，甚至整个十六世纪后半段，明军内战外战都是惊人全胜。这强悍实力，正是朱载垕此时奠定。

正如《明书》里对他的赞叹："实行宽大之政，气量如海如天，虽享国未久，却规模宏远。"

朱载垕表面懒散，其实精明地执政，留下一个蒸蒸日上的帝国。

五、唯独这事傻

作为一个生前身后都被吐槽过傻的帝王，朱载垕唯独一件事却真是傻：私生活。

朱载垕的苦命，其实鲜为人知的一条就是不健康。父亲嘉靖帝一生沉迷修道，化学元素吃了一辈子，后遗症落在他身上，身子骨本来就弱。

但到他登基之后，所谓又傻又懒，有些却是真格的，比如好色这事。特别是他在位的最后两年，正式册封为妃的就有十三位。甚至就在他病得起不来床的隆庆六年三月，还一次性册封了四位妃子。

以当时臣子的奏报说，从隆庆四年起，朱载垕难得的几次上朝，脸色都一次比一次难看。天生就弱的身子骨没经得起折腾，确实是事实。

隆庆六年，大明王朝已经初步渡过了难关，财政和国防正一片大好，但三十六岁的朱载垕，生命已走到尽头。二月二十二日，是他的近臣恩师高拱记忆中最刻骨铭心的一天，他被朱载垕请进宫中，见到了已经病入膏肓的学生。

就在这次深谈中，朱载垕把年幼的太子朱翊钧和大明王朝的命运都托付给了老师，他像个孩子一样撸起裤管，给老师看浮肿的大腿，老师要走的时候，依然紧紧拽着老师的手。

在这场明朝君臣关系难得的温情一幕中，师徒二人泪如雨下。

隆庆六年五月二十六日，这位奠定大明朝又一黄金时代的青年君主与世长辞，而当丧讯传开时，先前曾前仆后继痛骂过他的臣子们，许多都泪如雨下，甚至民间许多百姓自发为他立庙纪念。中国历代帝王里，能似他这般得到真诚悼念的着实不多。

他临终前却没有流露出遗憾，他遗言里的一句话，也道尽了他对这个帝国未来的信心："夫昼之有死，如昼之有夜，自古圣贤其孰能免，惟是维体得人，神器有主，朕即弃世，亦复何憾。"

他相信已经造就了一个走向强大的明帝国，他更相信有恩师高拱辅佐，天资聪颖的儿子朱翊钧，一定能造就一个更大强大的王朝。

欧洲人怎么看明朝的科学水平？

明代另一个文化大事，就是欧洲人的东来，除了那些拿枪的欧洲殖民者，许多欧洲学者也来到了大明国土，看到了那完全有别于西方却同样灿烂的东方文明。

那么在这些开始充满优越感的欧洲人眼里，明朝又是什么样子呢？明朝的科学成果，在他们看来是什么水平呢？

那个年代，正是近代学者们津津乐道的"西学东渐"年代，西方的科学文化思想开始传入中国，《几何原本》等西方图书被明朝学者们陆续翻译出来，给当时的中国人打开了全新的世界。那么明朝的科学成果，对于西方来说又有什么意义呢？

一、各有千秋的印刷术

明末欧洲人介绍中国极多的是"四大发明"中的一大绝活：印刷术。

虽说当时欧洲也掌握了造纸和印刷技术，但明朝在这方面的独家优势，欧洲人也认账。

以利玛窦的说法，中国的印刷术比起欧洲人至少早五百年，技术更巧妙，出错易修改，速度更是快，一块木版一天能印一千五百多份，看看中国的印刷术，就知道为什么中国有那么多书，价格还比欧洲便宜得多。

但这么强大的技术，也叫欧洲人找到了毛病：中国的纸不如欧洲耐用，还不能正反面都印。而且尤其令欧洲人受打击的是，一开始明朝人坚决不信欧洲人会印刷，气得欧洲人送一大堆印好的《圣经》过来——看看我们印的。

明末学者王肯堂曾赞叹欧洲印刷术，欧洲《圣经》两面都有字，而且还能防水，"甚异之"。

二、让欧洲人拜服的农业

比起让欧洲人挑出毛病的印刷术，大明朝的农业却叫欧洲传教士似刘姥姥进了大观园，看啥都新鲜。整体农业水平，利玛窦的总结是，"远比欧洲富裕得多"。

农业生产场面，让欧洲人开了眼，水稻一年三熟，稻田里还养鱼防疟疾，门多萨的《大中华帝国志》里详细记录：明朝农民用竹料包好鸭蛋，点稻草人工加热，严冬竟也能孵蛋。

许多常见农具，欧洲人更是称奇。福建地区能灌溉到山坡的大型水车，曾被西班牙人拉达称赞。然而真正在欧洲引起热潮的，却是东南农村扬谷常用的农具：阳谷扇车。

这种老农具出现在西汉时期，发展到明代，技术已极成熟：改成闭合式，还有轮轴和摇手，两人就能快速操纵，轻松给谷粒脱壳。强大的生产效率，引来欧洲人哄抢：荷兰和瑞典的船员，多次购买走私到欧洲，每次都卖高价，还引起广泛仿制，十八世纪的欧洲农村，出现多种改装版，结束了扬谷只能靠簸箕的苦力史。

以一些欧洲学者的看法，这种东方传来的农具，可以被看作离心压缩机的鼻祖。

三、引发热潮的中医

欧洲人开始重视中医是读了利玛窦的著作之后。利玛窦告诉欧洲人，中医不但能治疗多种疾病，而且在东方看病比欧洲方便廉价，医院很多，"（在中国）只要一角钱，在欧洲却需要花六七倍之多的金块"。

从此之后，许多中医典籍被翻译到欧洲，而且不同国家，版本也不同。比如晋朝王叔和的《脉经》，波兰版叫《中医津要》，荷兰版叫《中医临床》，十七、十八世纪在欧洲很畅销。诸如《本草纲目》等医学典籍，都能在欧洲找到摘录翻译。

影响欧洲极大的还有明代时成熟的种痘防治天花技术。欧洲叫"轻型接种天花"，明代先传到土耳其，又治好了英国驻土耳其大使夫人，从此广为流传。这个了不起的成就，让伏尔泰赞叹道："一个被视为世上最明智最文明的民族的这种榜样，便是一个伟大的先例。"

四、天文学太烂

要说明朝哪样科学最叫欧洲人看不上眼？当属天文学。

葡萄牙人克鲁兹就曾嘲笑说中国没有天文知识。称赞过大明高科技农具的西班牙人拉达，吐槽明朝人几何知识差，计算水平低，错到惨不忍睹。

中国传统天文设备被踩得更狠。康熙年间的比利时传教士南怀仁，对元明两朝传下来的天文仪器变着花样批评：简直是"笨拙的缪斯"，也就是只能当摆设。

同样在清朝钦天监任职的传教士纪理安，干脆给清政府提议，元明两朝留下的天文设备，包括元朝科学家郭守敬开发的简仪，都当废铜烂铁处理了算了。

对这种公认的落后，说"好话"的还是利玛窦：其实明代的天文设备很强，但明朝知识分子都钻科举，少有人研究这个。所以在天文学上，"他们的工作多少有些混乱"。

五、强大的中国制造

但嘲笑明朝天文水平的欧洲人，对于大明朝的手工业水平都是心悦诚服地称赞。尤其是克鲁兹，他在广州住了两个月，看遍广州手工业，给出一个至高评价："精湛技艺，巧夺天工。"

明代的广州手工业者，俗称"广州匠"，手工业公认强，锡器、铁器、陶器，号称"冠绝天下"。广州工匠更名声在外，还有人漂洋过海去南洋发展，克鲁兹能有这震撼，一点儿不奇怪。

大明手工业的两个绝活是丝绸和瓷器，在欧洲更受追捧。欧洲人也学会了仿造中国丝绸，可上流社会还是只认中国品牌。比如法国，贵族圈谁穿法国仿造版丝绸衣，一定会被笑话。

欧洲人曾挖空心思，打听中国瓷器怎么制造，一些传教士介绍说，要把土敲碎了，用水搅匀了烧就行。这方法传到欧洲，许多人学着造，却都造出来易碎的残次品。直到法国人殷弘绪在康熙年间偷运景德镇高岭土回国，又经过五十年研究，才烧出硬质瓷器。

明朝人宋应星的手工业巨著《天工开物》并没有收录在清代《四库全书》里，但巴黎皇家文库十八世纪就将其收藏，赞为"技术百科全书"，法国汉学家儒莲更赞叹：这本书中的许多技术，比如野生树皮造纸、制墨、制铜、活塞风箱、提花机，都要远强于当时时欧洲。

六、军火很强大

明末军事的一件大事，就是引进仿造欧洲火器。

葡萄牙、荷兰等国的先进火炮，先后被引入明军，大量改装生产，出现了"佛郎机""红夷炮"等品种。在欧洲人眼里，这些中国改装版火器的杀伤力如何？

贬过明朝天文又赞过明朝手工业的拉达，对明朝的军火水平也很不屑，他出使福建时，见过明朝卫所军队的火炮，认为这些大炮制作粗劣，款式也老，许多大炮只能发射石头。

但真正和明军打过仗的一些西班牙军官却不这样看。以某舰长写给西班牙国王信里的说法，明军的部队精锐，大炮的性能非常出色。西班牙历史学家门多萨曾经登上过明朝战船，见过明军战船上的佛郎机后评价也中肯："比我们的造得好，更有威力。"

七、并不落后的造船业

明朝造船业一直出名强大，但葡萄牙殖民者初来中国时，最不屑的就是明朝战船。以正德年间葡萄牙东方舰队司令皮雷斯的看法，一艘葡萄牙战舰至少能打掉二十艘中国船。

如此不屑，只因他来得"不巧"，正是明朝海防废弛的时候。比如广东，洪武年间七百多艘船，当时就剩一百多艘，还净是小船。

但嘉靖中期后，明朝为消灭倭寇全力重建海军，欧洲人的看法也就不一样了。门多萨的书，详细记录了明朝战船的式样和性能，盛赞明朝战船结实耐用："他们船只的使用期，一艘相当于我们两艘。"

万历中期以后，明朝越发缺钱，强大了没多久的海军也是连年裁员，比如广东六大水寨，到天启年间裁撤了九成，著名的南澳水寨，到崇祯年间只剩下八艘船。明末荷兰殖民者横行东南，郑芝龙等海盗崛起，海防废弛才是根由。

但欧洲人特别是西班牙人，学习明朝造船的热情一直很高，特别是西班牙驻菲律宾总督，连年都支持学造中国船。

八、风靡欧洲的小帆车

明末引来欧洲人兴趣的，还有一种独轮小帆车。

这种小帆车上面装有风帆，借助风力操纵运输，在农村田间地头使用，十分方便快捷，中国农民轻松操纵的场景也引来欧洲人惊讶。以至于当时欧洲介绍中国的地图画册，必然会画上这种小帆车。

这种中国小车一度火热欧洲，许多欧洲人都开动脑筋，尝试改装发明。1600年，荷兰学者史蒂文成功改装了风帆马车，命名为"中国式风帆马车"，顺风测速竟高达四十英里（约6.4千米）。从此以后，乘风帆马车飙车，一度是欧洲青年贵族们喜闻乐见的游戏。

就连欧洲名著《失乐园》里也留下了与这种小帆车有关的语句：中国人利用

风帆驾驶藤制的轻车。

九、令人震撼的建筑业

金庸小说《鹿鼎记》里曾有情节：打完了雅克萨大战的沙俄摄政女王，谈判时还附加条件——请清王朝派工匠到俄国，教俄国人怎么修桥。

这个事情，还真不是金老先生吹牛。

门多萨就给欧洲人介绍过明朝的造桥技术：泉州用花岗岩建造的桥梁，不但外观精美，而且用的是巨型长石板，简直难以想象怎么靠人力弄上去。一直到清代，俄国彼得大帝还专门派使团到北京，求教造桥技术。

除了赞造桥，门多萨还赞过明朝的道路：城市的公路整洁平整，驿路更四通八达，简直是"世界上最好的公路"。明朝特有的牌楼建筑，门多萨也十分喜欢，认为这是可以和古罗马凯旋门媲美的建筑精品。

门多萨总结说："在这个王国（明朝）的各地，都有了不起的建筑家，他们可以造出世界上最好的建筑来。"

英王建筑师钱伯斯爵士的一句话，更显示出欧洲人对中国建筑艺术的崇拜："欧洲人在艺术方面无法和东方灿烂的成就相提并论，只能像对太阳一样尽量吸收它的光辉而已。"

张居正的三句话，句句攸关明朝兴亡

身为一位以十年强硬改革为大明朝续命的铁腕政治家，万历首辅张居正拉仇恨极多。但是，哪怕最恨他入骨的政敌，也常佩服他优雅的风采。这位拥有"眉目轩朗"颜值的大明首辅，平日常以一袭华贵衣服示人，举止谈吐更风采十足，简单几句充满磁性声音的话就轻松切中问题关键。其举重若轻的优雅风采，堪称明代首辅里的头号男神。

不过，这位"优雅男神"张居正，一生大刀阔斧，却也有不顾"风采"撂狠话的时候。

比如下面这几句狠话，其中更有粗话，却是话粗理不粗，句句攸关明朝兴衰国运。甚至可以说，倘若清算了张居正的万历皇帝，接下来的三十八年执政生涯里，可以弄懂张居正这几句话，大明王朝不至于在1644年就落到灭亡的境地。

狠话一：当嘉靖中年，商贾在位，货财上流，百姓嗷嗷，莫必有命，此时景象，有异于汉唐末世乎。

张居正宦海浮沉里，最难忘的日子是哪段？是他初入仕时工作十分平淡的明朝嘉靖年间。后来他位居首辅启动轰轰烈烈改革大业时，对数十年前嘉靖年间的国事依然念念不忘。他在给福建巡抚的私人书信里，愤愤然写下自己的回忆："当嘉靖中年，商贾在位，货财上流，百姓嗷嗷，莫必有命，此时景象，有异于汉唐末世乎。"

这一段话的白话翻译，放在封建社会，已然"大胆"到突破尺度。当年在嘉靖皇帝的糟糕治理下，这大明王朝啊，差点儿就像汉唐当年一样亡国啊！但比这悲愤心情更触目惊心的却是其中的十六个字：商贾在位，货财上流，百姓嗷嗷，莫必有命。

自从嘉靖年间起，这十六个字就是承平日久的大明王朝，越发要命的重疾。高速发展的商品经济，所谓的"资本主义萌芽"，却催生了嘉靖年间越演越烈的腐败。奸臣严嵩当政期间，选官都成了买卖，各种官职明码标价，各级官员更把工作当生意，花多少钱买的官，当然要巧立名目加倍捞回，简直成了"商贾在位"。贫富差距更是巨大，以至于"货财上流，百姓嗷嗷"，这才有了嘉靖年间国事举步维艰的惨状。能艰难维持下来，自然连呼幸运。

也正是这刻骨铭心的记忆，刺激着张居正十年如一日坚决地改革，尤其是在廉政方面下狠手。就连世袭云南的沐氏公爵家族，都被他抓到京城法办。十年改革生涯，惩贪从未放松。以朝鲜使臣记载，万历三年时，几乎每一期的明朝邸报上都会公布大量贪腐案情。仅六七八三个月间，被张居正惩治的贪腐官员就有近百人。正是这全国撒网般的惩贪，治出了"万历中兴"时代，治出了大明朝再现高效廉洁的政风。

但是，在张居正溘然长逝后，清算了张居正的万历皇帝很快做了甩手掌柜，曾经"商贾在位，货财上流"的局面，很快就死灰复燃。自万历中后期起，明王朝的贪腐风气越演越烈，最终造成了崇祯年间不可收拾的局面：李自成打进北京后，从京城大小官员的家里就搜出了七千万两白银。明朝，就是被这些"货财上流"的蛀虫活活贪死的。

狠话二：繁称文辞，天下不治，口蔽耳聋，不见成功。

嘉靖皇帝驾崩后，忧国忧民多年的张居正，终于在隆庆年间成功入阁，却立刻发现了另一个悲催事实：比大明朝的"贪风"毛病更严重的是"懒风"。

以张居正自己的话说，多少关乎国计民生的大事，哪怕是前线要钱要兵的十万火急之事，当时却成了内阁公文发下来，然后就在六部来回踢皮球。可怜张居正在内阁累死累活，成天就忙着收发批复公文，有些公务甚至拖了多年，硬是半点儿进展没有。甚至皇帝下诏催问,都照样被糊弄过去。

忍够了的张居正,在他著名的《陈情疏》里发出了这声怒吼:"繁称文辞,天下不治,口蔽耳聋,不见成功。"大明王朝,怎么这么多白吃饭不干活的懒官!

更可怕的是,此时大明王朝文官总数近两万五千人,其中懒官更是扎堆,几乎是数万人上下一心磨洋工。

正是满怀悲愤情怀,待到大权在手后,张居正的"考成法"呼啸而出:全国官员打考勤,政务有一件是一件,完不成就降职,直到降到卷铺盖走人。全国官场一顿清洗,单冗官就淘汰了三成多,京城的官职削掉了一百多。层层监控的"考成法"更叫全国官员打哆嗦,老老实实卷起袖子办事。曾经行政低效的明王朝,这才骤然提速,有了"万历中兴"的文治武功。

但这番悲愤,万历皇帝显然不懂,至少亲政初时根本不懂。张居正尸骨未寒,万历皇帝就着手增加岗位,全国官员"扩编",京城职位增加一百三十九个,打着宽厚的旗号,连"考成法"也一气废除。于是自从万历皇帝在二十三岁那年甩手不上朝后,明王朝的懒风越刮越大。十七世纪萨尔浒大战前,明军就连军队的弹药火器都已多年没供应。昔日强大的明朝军队,只剩了老弱残兵。这已经是个行政完全瘫痪的帝国。

到了崇祯年间,明朝官场的"懒风",更是无下限,以至于崇祯帝煤山上吊前,还在高呼"诸臣误我"。其实,倘若能听懂张居正这句话,懂得怎么治这"懒风",何至于此?

狠话三:国家以高爵厚禄,畜养此辈,真犬马之不如也!

在张居正的人生里,这是少有爆粗口的一刻。什么人在张居正眼里到了"犬马不如"的畜生地步?正是号称正义的明朝言官。

明朝隆庆年间,主持军务的张居正终于取得了国防突破:长期侵扰明朝边陲的鞑靼可汗阿勒坦,在明军多年打击外加"把汉那吉风波"影响下,终于决定向明朝臣服。可如此利国利民的大好事，传到朝中却引发轩然大波，许多言官义愤填膺，大骂张居正以及边境将领误国，扬言要把阿勒坦千刀万剐，各种慷慨激昂的表演差点儿就把这桩国防大事活活搅黄。

虽然在张居正与高拱的斡旋下，这场"隆庆和议"终于功德圆满，大明西北国防换来了六十多年长久和平，但明朝言官们的恶劣风气却也暴露无遗：这些把持舆论监督大权的官员，许多人对于国防其实是一窍不通，有些人甚至连边疆都没胆量去，但每遇大事时，却一个个比将领们还精神，唾沫星子横飞不断，不分青红皂白乱咬，就为刷个存在感。

可这乱刷存在感的后果，却常是国家大事被白白耽搁。如此恶劣嘴脸，也叫张居正早早发出这句感慨："国家以高爵厚禄，畜养此辈，真犬马之不如也！"

所以，后来的十年改革期间，对这些"犬马不如"的言官，张居正一直坚持重手整顿，以"省议论"为原则，极力扼杀言官们误国败事的歪风，也因此背上了满身骂名，所以才会在去世之后被一群言官变着花样骂。清算张居正的万历皇帝，更为个人面子，废掉了张居正昔日钳制言官的手腕：骂张居正？敞开了骂！

但张居正身后的明王朝却尝到了"言官误国"的苦头。如果说张居正改革时代的言官们对国家多少还有些责任心，那么晚明的言官却是纯粹为了私人利益。崇祯时代的明朝言官，已经号称"受贿之魁"，也就是到了收钱骂人的地步，还被戏称为"抹布"。内忧外患的国家局面下，前线将领浴血奋战，后方言官骂人捣乱，更成了寻常情景。甚至在明朝大厦倾倒一刻，曾经满脸正义的言官们更纷纷变节投敌。

张居正这句粗口，真心没骂错。舆论风气败坏，外加监督体制败坏，就是明朝常被忽视的败因。

明朝真的"亡于万历"吗?

说起晚明走向衰败的历史,在位四十八年的万历皇帝朱翊钧,常被连踩带捶。按普遍的观点说,这位三十多年不上朝的懒皇帝,以其清算改革家张居正的刻薄,外加多年如一日的消极怠工,彻底把中兴的明王朝折腾到风雨飘摇的境地,堪称明朝灭亡的罪人。一句定评更是长期深入人心:明实亡于万历。

那么,这么大一个历史责任,受了一辈子争议的万历皇帝,到底能不能担负得了?不妨瞧瞧他当政期间的几桩奇葩事,是非功过,应该就能瞧清楚。

一、被言官认爹

万历皇帝在位期间,大多数时候都对言官保持着极大的厌恶。但张居正去世后,万历刚刚亲政时的态度可不是这样,对敢说话的言官,都是张开怀抱热烈欢迎。难道他真这么虚怀若谷?前文有述,其实主要目的就一个——清算张居正。

于是,在万历皇帝的"热烈欢迎"里,言官们火力全开,罗织的各种关于张居正的奇葩罪行层出不穷。诸如张居正家里有"银火盆三百架"之类的奇葩谣传,全都因此而来。出于清算张居正的需要,万历当时也基本照收,对敢上奏的言官更是不停封赏。但他万万没想到,这么做的后果就是给言官们打了鸡血。

因此,自从万历亲政起,太平了十多年的大明朝堂上,突然间就口水纷飞,万历皇帝早年十分宠信的李植、江东之等言官,也纷纷战斗力大爆发。一开始还是言官们和阁臣掐,然后言官之间也互相掐。特别是李植,这位清算张居正时的急先锋,平日在同僚面前耀武扬威,竟然自称自己是万历皇帝的儿子。结果一次李植与其他言官对骂时,这事被人揭了出来,把做"爹"的万历都闹得尴尬不已。

当然,李植之流由于骂人太狠,最终也被万历"老爹"一一贬罢。但明朝混乱的士风,却就此开了先河。之后一直到明末,明朝言官乱骂的风气,基本就是常态。

二、扣的奏折能编书

自从万历十五年起,万历皇帝就正式进入不上朝的工作模式。但不上朝不意味着不干活,该批的奏折还要在深宫里批,该办的公务也要办。只不过,万历皇帝批奏折勤快,办事却十分慢。

以《玉光剑气集》里的记载,万历皇帝每天不上朝的生活是这样的:只要看到骂他的奏折,除非骂得太难听,基本上不动怒,只是笑呵呵来一句"又是个沽名钓誉的",然后就随手把奏折"留中"了。后来不仅是骂他的奏折,许多事情紧急的奏折,万历也是心情不好就"留中",随手就把大臣们写的奏折扣下了。

待到万历皇帝去世后,天启二年,受命编纂《万历实录》的明朝官员们,清理万历生前"留中"的奏折时,居然清出了神奇场面:万历皇帝"留中"的奏折,四十八年来,竟有四卷二百九十六篇,这其中绝大多数都是关于吏治、食货、河道、军事等重大公务,有的一扣就是一二十年。多少重大国务,就这么给"留中"到彻底耽搁。

这些被万历"留中"的奏折,被编成了明代著名典籍《神庙留中奏疏汇要》,是十分厚重的大部头。

三、那些年，被万历耽搁的事

万历皇帝之所以被痛批怠政，当然不止因为那一厚叠的奏疏。更重要的原因是，他耽搁的事情真不少。

以万历三十年内阁大学士沈一贯的奏疏说，当时明王朝全国监察御史缺九个，两京尚书缺三个，侍郎缺十个，知府缺二十五个。偌大的明帝国，简直就成了一个空架子。

军备方面的问题更是严重，隆庆朝至张居正改革时期的各支火器部队，几乎都尽数裁撤，有些部队因为无钱维持，武器都荒废掉了。后来萨尔浒战役开打，明军参战部队中的很多火枪兵竟然是第一次摸火器。明朝官员更抨击从"万历三大征"打完后，很多部队的训练都荒废了，队列只是"袭其形似"，如此花架子，惨败是预料之中的。

如果说陆军的荒废还算比较出名，那么不太出名且后果严重的，却是海军的荒废。

从嘉靖年间起，明朝在抗倭战争中逐渐重建了强大的海军，并在万历三大征中，凭着强悍的海上力量吊打日本。放在海外贸易空前火爆的十六世纪晚期，强大的海军更该成为明王朝的重要财富保障。可就是在万历三大征打完后，万历皇帝却毫无压力地做出决定：裁撤！

比如万历亲政时，曾经拥有两万人规模的天津海防营，到了万历去世时，竟已裁得只剩下两千五百人。曾经在万历三大征中立下大功的广东水师，最后几乎裁掉了百分之九十的战船与兵员，巨型的福船战舰几乎全被裁光。巡哨澎湖的福建水师，更裁得只剩二十艘小船和几百名士兵。

为什么接下来面对荷兰殖民者的侵扰，以及郑芝龙等民间海商崛起东南垄断贸易航线时，明王朝却无能为力，甚至坐看荷兰殖民者占领台湾？都是万历挖的坑！

四、万历的优点

当然，说了万历皇帝这么多缺点，也得说说他的优点，其优点中最重要的一条就是用人。

作为改革家张居正的学生，万历皇帝学得最到家的，就是精准的看人眼光。特别是在亲政后的几次战争里，青海战役时他坚决启用郑洛，平定宁夏战役时坚决启用叶梦熊，万历三大征时坚决启用李如松，而且每一次都是用人不疑，特意赐给尚方宝剑。不管朝中的官员们如何添乱，他始终不为所动，力挺将领们的自主权，这一点，比起时时刻刻猜忌官员的崇祯皇帝，真心强得多。

所以万历年间的战争，也就形成了这样的套路：一开始挖坑太深，出师就是惨败，但万历果断换人，接着就扳回局面。哪怕在他晚年的辽东战役里，在萨尔浒惨败的情况下，他坚决启用熊廷弼，力挺熊廷弼的方略，逐渐扭转了辽东的局面。如果不是万历帝溘然长逝，失去支持的熊廷弼悲情罢官，辽东的战局原本大有希望。

从这个方面来说，被骂作"昏君"的万历皇帝，也确实是个精干的人物。

但是，对照万历执政数十年间明王朝的局面，又不得不说，这样的糟心场面，万历皇帝着实也逃不过责任。空有敏锐眼光，却多次"甩锅"逃避，明朝的衰败确实有万历挖的坑。

张居正最"寒心"的学生

一、张居正的好学生

于慎行,字可远,明朝嘉靖二十四年(1545)出生于东阿镇书香门第于氏。

在人杰地灵的济南地面,于慎行的家乡平阴县,水土更是"灵"得出奇,早在楚汉争霸年间,就出过培养了神奇军师张良的一代智者黄石公。有这般灵气水土滋润,少年时的于慎行显示出各种奇特灵性,以《快园道古》记载,八岁时就能吟诗作对,且文笔豪气冲天,走在科考路上,更是一路飓风狂飙,十七岁中举人,二十三岁高中进士,还在名臣朱衡门下做过幕僚,早早就受过各种历练!

但他最叫身边人服气的一条是,明明这么有才,却还这么乖,在家是出名孝顺的乖孩子,进了鱼龙混杂的官场,更成了任劳任怨的老实人,走哪儿都人缘极好。比如二十七岁那年,给九岁小皇帝万历担任讲官,多枯燥的课程,到他嘴里却变得妙趣横生,叫小皇帝上课常听得入迷。一次于慎行患病请假,万历小皇帝竟郁闷得抹起眼泪,差点儿就闹罢课!

但比起喜欢他的万历小朋友来,另一位老朋友更是从来对他器重有加,他就是于慎行的恩师,此时执掌大明国务的一代改革家——明朝首辅张居正。

身为大明铁腕改革强人,张居正门生遍天下,但在张居正看来,用起来最顺手的当属于慎行。别看这小伙子日常话很少,吹牛拍马的时候更从来没影,但干活却是出了名的靠谱。别人争着躲的苦活累活,他都是毫不犹豫扛肩上,比如张居正最得意的一条鞭法,就是由于慎行不辞劳苦,按照大明各省的不同民情设计出的条款细则。这个光耀千秋的改革,后来能有立竿见影效果,低调的于慎行就是幕后英雄。

如此多干活少说话的优异表现，也叫乖孩子于慎行成了张居正眼里不能缺的宝贝，甚至还经常在公开场合热情表扬：大明朝的官员，如果都是于慎行这样的老实人，国事哪会如此艰难？俨然就是把于慎行当接班人培养。

可就在一片前途大好时，万历六年，随着"张居正夺情"事件的爆发，素来老实巴交的于慎行却叫恩师张居正结结实实吃了一惊：这么个老实人，竟然都拆老师台了！

二、大公无私的拆台

身担改革大任的张居正首辅，在万历六年丧父。依照当时制度，张居正理应回家守孝三年。可正处权力巅峰的张居正哪肯放手？于是他和万历皇帝一唱一和，弄出个"夺情留任"的把戏。以明朝的道德准则来衡量，这事简直就是禽兽不如，立刻就引得反对声四起，奏疏雪片般砸过来。

面对汹汹的反对声，张居正却是铁了心，纵是反对者众，也要重拳弹压。尤其是率先上疏弹劾张居正的赵用贤和吴中行这几个张居正亲手栽培的学生，更被张居正当了出头鸟，一顿杖责打得皮开肉绽：让你小子拆老师的台！

就在张居正稍出一口恶气时，却又横遭一击：于慎行，竟然上书反对他！这可是张居正最赏识的弟子，他都带头拆台。

当时的张居正，真是被于慎行气到伤心，见面时更是撕破了脸，劈头就是一句责问："予大望卿，卿大器，亦随人为难耶！"你是我最赏识的学生，竟然和他们一起来害我？

面对老师的伤心质问，于慎行却理直气壮，一字一句回答："相公爱行甚深，期之甚大，念相报耳！"正是因为我是你的学生，正是因为老师您对我好，哪怕您伤心，我也不能看您犯错！"

张居正很伤心，后果很严重，原本仕途得意的于慎行，被连穿了几次小鞋，愤然辞官回家。

但是，四年以后，当一代铁腕强人张居正溘然长逝时，受委屈回家抱孩子的于慎行，却是当场写就《祭太师张文忠公文》，满篇激扬文字，写尽恩师张居正一生的功业辉煌，更念尽对自己的拳拳关爱："所不忘公，唯寸心在，含情未吐，负义实深！"

就在于慎行含泪悼念恩师时，一场比当年"夺情风波"更暴烈的风暴骤然袭来：万历皇帝清算张居正。昔日给张居正抬轿子的各位"门生"纷纷反水，红口白牙揭发张居正的"罪状"，张居正的全家老小被清查张居正案件的酷吏丘橓囚禁在湖北老家的府邸里，张居正长子更是不堪拷打悲愤自杀。眼看这位明朝最伟大改革家，身后就要惨遭灭门大祸。

但就在这关键时刻，刚刚官复原职的于慎行出手了，直接一封书信送到丘橓处：张居正活着的时候，满朝就知道阿谀奉承，没有人敢批评他的过错，现在张居正去世了，满朝只知道他的过错，却忘记了他的功业！他虽然私德有亏，但何曾辜负过国家？声声质问，好似一大盆凉水，把参与清算张居正的运动的一批人浇清醒了。清算闹剧草草收场，张居正的老母和亲人得到了国家划拨的水田照料，伟大改革家的血脉终得保全。

这就是张居正生前无比"寒心"的学生，老实巴交的济南天才于慎行：在他心中，只有公愤，从无私仇，只有国家大局，全无私人得失。

三、振聋发聩的预言

随着张居正的去世，少年时十分喜欢于慎行讲课的万历皇帝，亲政后也曾对于慎行信任无比，从万历十一年起，六年来官位节节攀升，到万历十七年时，于慎行已是主持大明文化的礼部左侍郎，入阁拜相，就在眼前。

但官位在变，不变的依然是那个眼里不揉沙子的于慎行，而此时的万历皇帝却是满身槽点——从万历十五年起，就成日不上朝，昔日张居正改革的辉煌成就如强力高效的行政作风、府库充盈的良好财政，更是眼看着被糟蹋干净。本不爱说话的于慎行，自然是急在心头。到万历十八年，他被卷入了一桩立太子的敏感大事中。

一心想立幼子朱常洵的万历皇帝，与坚持伦理纲常力挺皇长子的群臣们，早就是年年互怼。为国家稳定着想，于慎行更是冲在前头，多次为这事与万历皇帝吵得天昏地暗，也终于叫万历皇帝忍够了：你是我少年时最喜欢的老师，你竟然拆我台？

于是，万历十九年，一记猝不及防的黑拳猛然砸向了于慎行。山东省乡试发生泄题事件，几位御史无中生有，硬说于慎行是幕后黑手。为官清廉的于慎行悲愤辞官，竟被万历皇帝顺水推舟，甩手就打发回家。这桩闹剧，以明末典籍《国史唯疑》的考据说，是一场证据确凿专门针对于慎行的政治陷害。

对于视名节如鸿毛的于慎行来说，以这种羞辱的方式来罢官，自然是悲伤不已。但在回家后的几年里，渐渐从悲愤中走出来的他，又找到了一个全新的发力目标——写书。

对于明朝官员们来说，退职后写书，是一个官场生涯里的老套路，但基本就是写回忆录，主题也千篇一律，不是说自己做官时很牛，就是说自己很委屈。但于慎行显然写出了高境界：他的书里，只讲学问，从不讲个人荣辱。他的《读史漫录》《谷城山馆诗集》，在中国史学与文学史方面都留下了浓墨重彩的一笔。但论思想最为震撼的，却是另一本奇书：《谷山笔麈》。

这部《谷山笔麈》有多奇？它以详尽的笔墨和精细的考据，记录了明朝万历之前的政治文化典章制度，以及万历年间真实的民生风貌。

书中记录了明朝资本主义萌芽勃发的万历时代种种情景：北京城的工商业空前繁荣，做粮食酱油生意的小贩，都常见百万家资。临清的漕运经济一年比一年红火。城市经济空前繁荣，一线城市的米粮价格年年稳定，奢侈消费品琳琅满目。几百年后康乾年间的许多清朝人读过，都是连呼不敢相信，明朝竟是个如此繁华的时代？

但千万别以为他这部书是在歌功颂德。正是在这本书里，他写下了自己退休回家十多年里对大明朝未来的忧思：考成法废除了，大明朝工商业蓬勃发展，但政府行政效率低下，消极怠工的万历皇帝却只知道派税使敛财。然而失去了考成法制约的一条鞭法，反而给富商大贾们更多偷税漏税的机会。政治财政已经畸形的大明朝会是什么命运："农重而商宽"，也就是朝廷无法从商业上收税，必然会把大量赋税转嫁给农民阶层。"古今物力，何以想悬若此"，比明朝生产力弱得多的汉唐，都可以获得巨额财政，明朝却因为自身制度缺失，使财政收入捉襟见肘。一旦发生大乱，后果细思极恐！

纵是身在民间，他依然用自己的眼睛思考着国家的命运。万历三十五年，忧思国家命运的于慎行，终于得到了万历皇帝的征召，出任内阁大学士。但抱病来到京城的他，却已然油尽灯枯，上任没多久就卧病在床，终于病故在任上，临终一声长叹：吾终不能报国矣！

然而更为怅恨的是，他晚年的忧思，对于晚明改革的疾呼，却在明末越演越烈的党争里，终归被当了耳旁风。曾经有一个叫于慎行的天才，为明朝指明了远方的陷阱，当局者不曾珍惜，也就有了掉进陷坑的崇祯在煤山上迎接亡国命运的惨景。

陈璘：被韩国抹黑百年的中华英雄

战争就像电影大片，只要足够震撼、精彩，哪怕配角也有可能红。

典型的是万历三大征中的露梁海大战，这场古代中日之间最惨烈的海战，打得日本快没命，救了朝鲜的命，被公认为"人类古代史八大海战"之一，连其中的标准配角朝鲜水军名将李舜臣，在战后几百年都不断地被追加荣誉，在今天韩朝两国都是重量级民族英雄，长期红得发紫。

但也有时候，戏红人不红，甚至是戏红人招黑，比如一位明朝将军，他作为李舜臣的上司、露梁海大战的真正统帅，却长期默默无闻，甚至在今天的韩国被各种抹黑。

这位倒霉的主角，就是大明王朝铁血战神，万历三大征的头号功臣：陈璘。

一、野路名将是非多

陈璘，字朝爵，嘉靖二十二年（1543）出生于广东翁源县龙田铺一个富裕农家。身为农家子弟，陈璘天生神力，成日舞枪弄棒，外面一群江湖朋友且一身豪爽性情，十几岁就在当地出了名。

这个做派在当时却正常：那是明代广东最乱的年头，几十年间，广东到处是匪帮，大小团伙成百上千，总计数十万人。套名臣张居正的话说，朝廷已无广东矣！官府如此不给力，农家子弟习武保家，更是广东常见风气。

这些人中，陈璘是奇特人物，习武读书都是野路子，却常年兴趣浓厚，还经常参与实战，多次痛揍贼匪，真练出一身野本事，而且"少倜傥，有大志"。

嘉靖四十年（1561），潮州贼匪张琏盘踞粤赣闽交界地，嚣张自立称帝。两广总督张臬急红眼，用了简单粗暴法子：张榜求贤。谁能打败张琏，要钱给钱要官给官。十八岁的陈璘闻讯精神抖擞，飞跑着就来了！

这位张臬总督，眼光独到，明朝嘉靖年间与戚继光齐名的抗倭名将刘显就是他慧眼提拔。所以别看招聘条件诱人，可想入他的法眼？不容易！

但放陈璘身上却真容易，两人见面怎么谈的，史料没细说，谈完后张臬就两眼放光，当场任命陈璘为把总，三个月后张琏就被扫平，身先士卒的陈璘更是立功颇多。

这场机缘后，少年陈璘的一身野本事不断施展，打起仗来比贼还贼，比如剿灭南韶贼匪卓文胜。这卓文胜仗着险要地势杀人放火，还把分巡佥事冯某绑了肉票，这时陈璘站出来，先主动跑去做肉票，把倒霉的冯佥事换出来，然后被捆了六天，不但巧妙逃出，还把贼兵的营地查了个清楚，接着带兵杀回来，把这伙土匪杀得一个不留。

陈璘更叫领导们喜欢的一条就是担当。混过江湖的陈璘，平日讨领导喜欢，真有严酷考验，更是毫不犹豫第一个上，甚至领导都躲猫猫了，他还是第一个。

这种风格，自十八岁从军，陈璘就是多年如一日，早年最出名的例子就是万历二年（1574）平定岭东巨盗朱良宝。这硬茬子在海滩上筑城，贼兵全套西洋枪炮，一开战就把潮州副总兵李城立打得全军覆没。明军两广总督殷正茂都吓得要请病假，这时陈璘站出来：别请假，我来！

于是，一场经典奇袭上演了，陈璘率三千勇士，采用声东击西战术，从天而降般跳上城头，每人一捆干草，进去就放火，熊熊烈火间，这伙勾结倭寇欠下无数血债的悍匪，就此灰飞烟灭。血战过后，三十一岁的陈璘熬得鬓角全白。

就这样，少年从军的陈璘，多年如一日浴血奋战，做起了最称职的救火队员。等到万历五年（1577），名臣凌云翼坐镇两广，彻底平定了两广动乱，劳苦功高的陈璘，论功官升广东副总兵。一向赏识陈璘的凌云翼，给了他一个重要任务：镇守罗定州。

罗定州先前闹过大叛乱，叛乱平定之后明朝下定决心，撤掉当地土司，改成朝廷直接治理，陈璘受命镇守。陈璘不敢怠慢，在当地带头垦荒，安抚各族百姓，还痛下狠手，严惩作乱的流氓兵痞。几年下来，这里已是"山城如画，行者歌，居者宁"。

可万万没想到，这业绩却给陈璘招来了麻烦。陈璘升得快，妒忌者大有人在，为了安抚百姓，他更硬下心肠从严治军，这下可犯了小人，被广东御史罗应鹤告了刁状，结果劳苦功高的陈璘被明王朝处罚撤职。一年后他复了职，调任狼山副总兵，可这罗御史不依不饶，还在到处告状，气得陈璘干脆回到东安定居，在家一闲就是八年。

令人没想到的是，这场小风波给陈璘身后带来了大麻烦：清朝人编修《明史》时，不看前因后果，只把罗应鹤的奏折断章取义，硬给陈璘扣了个"贪黜"的帽子，类似断章取义，在《明史》里是常见事，陈璘的名声被黑了，今天许多历史图书说起他，张嘴就说是贪官。

二、铁血战将耀异邦

万历二十年（1592），日本关白丰臣秀吉悍然发动侵朝战争，明王朝派兵入朝，万历三大征拉开大幕，可此时明朝西北东北全有战事，能打仗的将才到处都缺，这时朝廷终于想起来，广东还有个憋气的陈璘呢。

这下陈璘可扬眉吐气了，一下就调往京城神机营，后又调任蓟辽保定山东御倭副总兵。他在前线风光，两广总督萧彦在广东抱屈，说陈璘是广东的钥匙，你把我们广东的钥匙调走算怎么回事？昔日背黑锅，此时香饽饽。

作为"香饽饽",陈璘想得简单:倭寇收拾过好多回,就盼着跟日本正规军较量一番。如他奏折里表的决心,此正卑职捐躯报国之会!但一表白立刻又招来黑锅:兵部尚书石星是个主和派,陈璘一下挂了号,不久朝鲜战场和谈,陈璘被石星举报了个大罪——向自己行贿。

所谓行贿,就是陈璘之前给身为长官的石星送了几件天鹅绒。就这么点儿不值钱的东西,石星为了政治需要,竟真拿脏水泼了过来。陈璘有苦难言,丢了官职,再度回家憋气去了。

憋气期间,广西岑溪又发生暴乱,赋闲的陈璘再次来了精神,变卖家产招募了一支队伍,就冲上去浴血奋战了,哪怕没有名分,哪怕背着黑锅,只要战鼓敲响,这位老军人永远冲在前头!

到了万历二十五年(1597),和谈破裂的朝鲜,战事风云再起,先前坑陈璘的石星也已狼狈下狱,摩拳擦掌的陈璘,终于得偿所愿:陈璘升任御倭总兵官,统帅一万三千人规模的大明水师,浩浩荡荡杀入朝鲜,参加这场他盼望了五年的抗倭之战。

陈璘一入朝,立刻受到热情接待,朝鲜国王设高规格宴会欢迎,见面就送了一批精美礼物,没想到陈璘眼皮不眨就退掉,只留了几件不值钱的土特产,更当场表了态:永绝争桑之患,肃清瀚海之波。

这优良表现,令陈璘一下子人气暴涨,此后走哪儿都享尽尊崇,甚至一个出名的脾气大、难相处的朝鲜同行李舜臣也对他敬重有加!

身为朝鲜民族英雄,一代海战战神,李舜臣名号大,脾气也很大,可遇到陈璘,却是见了知音,两人极投脾气,战斗中密切配合,直至李舜臣殉难,二人都是生死弟兄。

在陈璘和李舜臣的密切合作下,这支强大的海上力量终于尽显锋芒,先是折尔岛伏击战,逮住日本舰队一顿狠揍,接着是陈璘的水师,哪里有日本船往哪里打,没几个回合,就把日军揍出"恐陈症",看见陈璘的船,慌不迭就跑,朝鲜战场制海权,霸气拿到。

接下来叫日军惊悚的还有陈璘军队的战斗力。顺天郡大战,陈璘水师配合陆军刘綎部作战,谁知几艘战舰在退潮时搁浅,随即被日军包围,眼看日军正得意要抓俘虏,这些以广东兵为主的明军,却骤然发动反击,冲破日军重围,在朝鲜水师的接应下漂亮突围。

不管多令日军惊悚,顺天郡一战都令陈璘痛惜不已,不服输的他,更是精心做局,早早在露梁海上布下天罗地网:万历二十六年(1598)十一月十八日,日本"战国名将"岛津义弘的五百艘战船,一头扎进陈璘伏击圈,陈璘军事生涯里最辉煌一战就此上演。

如果说陈璘设的是网,那网住的鱼却是极度凶残:几乎包括了日本最精锐的海上力量,更是死斗的困兽。露梁海海面上,双方一开打就死招,朝鲜军在右路,陈璘主力在中路,明将邓子龙居左路,分三路卡住日军,陈璘亲率的旗舰更一头扎进日军舰队重围,宁愿自己做饵,也要把日军牵住。

这场血战的最紧张时刻,陈璘巨舰的周围爬满了日军的敢死队,陈璘的儿子陈九经为保卫父亲,杀到满身是血;陈璘的搭档邓子龙在杀得兴起时被乱扔火把的朝鲜兵误烧死;而好搭档李舜臣也浴血殉难,成就了之后几百年的朝鲜战神美名。

煎熬过最凶险时刻的陈璘,赢得了光辉胜利:搏命拼杀的日军,终于倒在了大明水师的强硬碾压下,四百五十艘战舰被击沉,烧死溺死一万五千多人。这场空前的惨败,也让刚生出狼子野心的日本再次学乖,老老实实地在日本岛又窝了几百年。

陈璘的战功令当时得救的朝鲜国上下集体拜服,得胜后的陈璘回到汉城,朝鲜国王李均见面就眼泪哗哗,连呼将军您的头发都熬白了。但陈璘却未有半点儿喜悦，得知李舜臣殉难时，他当场就在船头痛哭，李舜臣的葬礼，也由他亲自主持。朝鲜国王表示敬谢时，他也只是淡淡回答：要谢就多抚恤李舜臣的家人吧。他身上剩的几百两白银，全数留给了李舜臣的子侄。

而另一件事令陈璘差点儿开罪于大明朝堂：副手邓子龙同样殉国，却被御史徐观澜诬告，非但未得抚恤，还要被追罪论责。陈璘愤怒了，主动上书还了邓子龙清白，使这位血洒朝鲜的七十岁老将军，终于得到了公正的对待。

三、身后名声惨被黑

回到大明的陈璘，依然在南征北战，终于在万历三十四年（1606）叶落归根，回任广东总兵。次年，这位六十四岁的老将军，终于闭上了疲惫的双眼，结束了戎马倥偬的战火人生。

他的过世，令中朝两国都痛惜不已，万历皇帝专门下旨，在他的家乡建太保祠，享受世代香火。明朝官方祭文中的一句"比霍嫖姚崛起矍铄，比马伏波威名累累"足以涵盖他保家卫国的功业。朝鲜则专门遣使吊唁。

当崇祯十七年（1644）明朝灭亡已定时，陈璘的孙儿陈诏，因拒绝降清，愤然率家小渡海移居朝鲜。随后陈氏一族就定居在陈璘曾战斗过的古今岛，世代繁衍生息。

随着近代朝鲜被日本吞并，陈氏家族的命运也陡然逆转，特别是日占朝鲜时期，韩国小说家李光洙的畅销小说《李舜臣》流行，小说里对陈璘大肆丑化，甚至连李舜臣的壮烈殉国，都变成了陈璘蓄意暗害，陈璘被歪曲的形象从此流传下来。

在今天的韩国，丑化陈璘的风潮非但没有停止，反而越演越烈，特别是中国人越发喜闻乐见的韩剧里，陈璘的形象被他们塑造得一个比一个丑恶，尤其是韩剧古装大片《不灭的李舜臣》里，陈璘更被扣上了勾结倭寇的污名，以至于韩国陈氏后人都曾感叹，不少陈氏子孙的年轻人因为祖上的"不名誉"而含辱生活，有的人甚至不好意思称自己是广东陈氏。

好在今天他已经得到正名，他的历史功绩也得到了越来越多的怀念。这位挽救朝鲜的中国英雄，当得起虔诚的思念。

一位影响欧洲数百年的明朝王子

自从明清易代，对待明朝三个世纪里的各行业牛人，清王朝的态度是积极正面的。就连明末时那些浴血抗清的英雄，大多也在清代得到了虔诚纪念。但是，对于一位明朝十六世纪时的"奇人"，清朝几代帝王的态度，却是相当的例外——不但要封杀，而且一定要"搞臭"。

在这件事上，康熙、乾隆都花了大力气，多次组织朝中大臣，对这位百年前的明朝人发起"围殴"，甚至还亲自上阵，比如"十全老人"乾隆皇帝，亲笔写了多篇文章，对这位明朝"奇人"破口大骂，给他罗列了"十大罪状"。

如此能叫清代帝王"花力气"的明朝奇人，正是明代十六世纪一位名满天下的"奇葩"王子，世界科学史上公认的巨匠朱载堉。

一、奇葩王子

朱载堉，嘉靖十五年（1536）出生于河南怀庆府。他是明朝郑藩恭王的世子，等于是含着金钥匙出生的小王子，但在锦衣玉食里生活到十五岁，却横遭塌天大祸：父亲郑藩恭王朱厚烷遭人诬陷，被抓去凤阳囚禁。昔日光鲜的王府，这下乱作一团。

拜明朝"养金丝鸟"般的宗室政策所赐，藩王家的子弟常见草包扎堆，摊上这种大难，更是各种夸张表现，从哭闹上吊到花天酒地混日子，几乎样样全有。但才十五岁的朱载堉，却叫大明朝堂吃了一惊：反应竟是出奇的淡定，一直冷静地安抚王府上下。待到父王被押去凤阳后，他放着华丽王府不住，在王府外修了个土室，从此在里面过着粗茶淡饭的苦日子——我爹一天不放回来，我就在这土室里住下去。

堂堂世子，竟选了这么个苦累活法？这事儿自然轰动了大明。但也有人嘲笑说，这个奇葩小王子不过是摆个样子，熬上几天准受不了。

没想到，朱载堉这一熬竟是整整十九年。这十九里，他穿着布衣吃着粗食，每天埋头做学问。非但不住王府，就连热心上门提亲的媒人，也都被他统统轰出门去。直到三十四岁那年，父亲被隆庆皇帝平反，长吐一口恶气的他，这才娶妻生子，结束了土室里的苦日子，忠勇倔强的形象在当时美名远扬。许多官员羡慕说，就凭这段仁孝经历，等朱载堉继承王位后，必然也是个贤王。

万万没想到，二十一年后，即明朝万历十九年，年过半百的朱载堉，又叫大明朝大跌眼镜：父亲郑藩恭王朱厚烷病故，依明朝礼制，朱载堉本可顺理成章承袭王位。但朱载堉却果断给万历皇帝上书，坚决不肯做藩王。一看朝廷不允，他就一而再，再而三请辞，接下来十五年里，竟连续上书七次，终于把懒皇帝万历感动得眼泪哗哗，送了他八字好评："让国高风，千古载见。"此后直到1611年去世,他都居住在怀庆府,过着与书为伴的隐居生活。

这样一位高风亮节的王子,放在封建社会,本该是褒奖的对象,特别是放在阿哥们掐到你死我活的康熙年间,那更该是重点表彰追封的楷模,怎么就招了大清朝的恨呢?

这事主要因为朱载堉的独家追求——搞科研。

二、科学巨匠

其实,早在十五岁那年,少年朱载堉毅然住进土室起时,就认准了一个人生真理,所谓的王爵利禄,远远不如科学有趣。

朱载堉的天赋奇好,史料记载,他童年时就酷爱音律、算学等学科,各种看上去深奥难懂的相关典籍,他竟常做到无师自通。然后无论苦熬土室的十八年还是后来重返王宫,甚至"让国"后的晚年岁月,深居简出的他,一直都在科学海洋里深钻,获得的相关成果,每一个都堪称震撼。

比如在天文方面,朱载堉就找到了历代中国天文的测算漏洞,重新设置了计算回归年长度的公式。他对1581年回归年长度的计算结果,和现代高科技测算结果的误差仅为21秒。甚至大明都城北京的地理位置,也被朱载堉精确测量出来,数据与现代经纬度分毫不差:北纬39°56′,东经116°20′。

在作为科学基础的数学领域,朱载堉的成果堪称井喷:他开发了一系列管口校正的计算公式,准确测出了水银的密度,还创造性地用珠算来开平方,他首创的数列等式,更是解决了不同进位的小数换算。这些计算方法,在现代科学中还经常被沿用,代表了当时世界科学的巅峰。

凭着登峰造极的数学能力,喜好音律的朱载堉也完成了一项影响深远且在清朝"拉仇恨"的重大成就——十二平均律。

十二平均律，又叫十二等程律，是在音乐里将一组八度音分成十二个半音音程的律制。这个新颖的律制，是朱载堉以八十一档的超大算盘采用领先当时世界的开立方计算方法艰难得出的，在世界音乐史上，具有跨时代的意义：千年来音乐里五度律和纯律不能返宫的难题，就此漂亮解决。音乐家的创作和现代音乐的发展，从此有了更广阔的平台。可待到明清易代，这个伟大创造却把清王朝气得七窍生烟。

因为音乐在清王朝并不是娱乐，而是个关乎礼制典章的重大事件。所以朱载堉的新创造放在清朝皇帝眼里，就是严重的离经叛道。于是康熙皇帝一边在其作品《律吕正义》里拼命剽窃朱载堉的成果，一边拼命歪曲攻击。到了乾隆年间，乾隆皇帝除了亲写文章，把朱载堉抹黑成"臆说"，更下旨王杰、彭元瑞、董诰等大臣，发起对朱载堉的痛批。于是，这位伟大科学家和他的成果就一度在滚滚骂声中隐没于中国历史。

但是，乾隆以及那些参与"围殴"的大臣不会想到，就在同一个时代，地球那边的欧洲大陆上，这位叫他们咬牙切齿的朱载堉掀起的却是另一场狂飙。

三、红遍欧洲

朱载堉去世后不久，凝结着他一生智慧的十二平均律，就由传教士带到了欧洲，紧接着，就轰动欧洲音乐界。这个全新的乐制，不但解决了音乐界的千年难题，还为音乐创作解开了锁链，使其变得更加自由开阔。于是新型的音乐创造如雨后春笋般出现，德国音乐家巴赫正是根据十二平均律定音，造出了世界第一架钢琴，之后欧洲近代百分之九十以上的新乐器都是以十二平均律定音的。近代音乐，就此红红火火发展起来。

从这个意义上说，朱载堉就是近代西方音乐的奠基者。享尽十二平均律成果的欧洲音乐家们后来给十二平均律加足了"欧洲头衔"——"标准调音""标准西方音调"。

同样深远的影响还存在于西方科学界。十二平均律不止是一种音乐律制，它的诞生更建立在强大的数学测算能力上。于是，与十二平均律有关的东方数学"开平方""开立方"等理论，迅速被欧洲学术界接受，更立刻助推了欧洲科学家们的头脑风暴。新颖的数学理念，推动了近代欧洲天文、物理等领域飞速发展，赫尔姆霍茨等近代科学家们更成了朱载堉的铁粉。赫尔姆霍茨曾赞叹说："（十二平均律）是这个有天才和技巧的国家发明的。"

许多西方学者也疑惑不解，为什么对近代西方科学有重大贡献的朱载堉会在清代中国落到这般"境地"。英国学者李约瑟就感叹说，这真是"具有奇妙的讽刺意义"。

在二十世纪末中美元首的一系列互访外交活动里，朱载堉的名字被再次提及，更被冠以高度评价："对世界有杰出贡献的中国科学家。"

第四章 大厦倾覆

明朝的火器，为何打不了八旗？

自从隆庆元年，大明军事改革高调启动后，出名强悍的大明军队令东亚大陆战栗的正是强大的火器。

鸟铳、佛朗机、虎蹲炮等装备，早已全面升级，冷热兵器混搭战术成熟到恐怖，上战场就旋风般狂扫，典型案例是打日本，把二十万日本"战国精英"从陆地到海上一路狂轰。铁杆小弟朝鲜曾赞叹说："战胜之速，委前史所未有也。"

如此霸道打法和风光战绩，令明军收获了一个闪亮称号——天兵！

可等到努尔哈赤的后金政权崛起于辽东之时，面对生猛崛起的后金八旗，往常如天兵般强大的明军却是接连输得稀里哗啦：萨尔浒战役惨败，辽阳沈阳惨败，等到后金军变成清军，更是被破关南下各种猛揍，还给打出"恐八旗病"，一听人喊"辫子军来啦"，立刻脚底抹油跑得快。

类似尿包场面，几乎史不绝书，后人说起来都是各种叹息，还有一个流行的感慨：火器装备全球领先的明军，为何会输给装备落后的八旗军？

虽然输的原因很多，但这个感慨却是个结结实实的错！

八旗军强得令许多明军害怕的一样东西，恰是之前明军的优势——火器！

一、注水的大明火器

在成为大明抓狂噩梦之前，后金八旗创建者努尔哈赤大半辈子都在表忠心。

正史上说他为表忠心，还曾主动请战去修理倭寇，十分慷慨热血。野史说他有女人缘，还和辽东总兵李成梁家的小妾不清不楚。

但其间努尔哈赤闷不作声地办了件大事：研究明朝火器。

以《神器谱》里的记录，早在万历九年，努尔哈赤就连哄带骗弄了许多汉族工匠，诱骗了不少明军中火器兵身份的逃兵过来，还长期大量用貂皮换硝石硫黄，就为研发火器。

隐藏了大半辈子的努尔哈赤，晚年之所以能下定决心，扯旗反了明朝，也因为看明白一件事情：明朝看上去很强大的火器优势，早就注水了！

为啥说注水？先看明朝的火器生产。

大明的火器生产，中央有军器局和兵仗局，嘉靖年间起许多火器生产权又下放，辽东、四川、广东都有兵工厂，研发生产力量强，生产规模极大。比如明朝在登州设炮厂，引进生产欧洲红夷炮，澳门来的葡萄牙工匠，来了就吓一跳，连呼欧洲也没这阵仗。

所以现代战争里的常规火器——水雷、手雷、机关枪——明朝都有雏形，国外传入的先进火器只要入了大明法眼，就能青出于蓝，鸟铳、鲁密铳、佛朗机、红夷炮，样样杀伤力都比原版强。以西班牙传教士门多萨的话说，比我们（西班牙）造得更好，更有威力！

可自从张居正过世万历皇帝亲政起，这件事就注水了。

大明这套生产体制有个大毛病，部门极多，相互制约也多。隆庆年间起铁腕阁老坐镇，朝廷下决心拨专款，自然能开足马力出成果。可等到万历帝亲政，这位皇帝出名的事就是几十年不上朝，虽说国家照常运转，但军工生产却真耽搁了。

比如号称"又远又毒"的鲁密铳，万历二十五年就研发成功了，可造了十几个样品就没了下文。后来的鹰扬铳炮，万历皇帝拍板拨款，但一牵涉建造过程里谁说了算，又是各种争吵，最后发明者赵士桢实在被吵得受不了，主动上书请求停工。

赵士桢感慨地说，开发一个新武器是群狼争肉，工部、户部、兵部为利益猛掐。万历皇帝最后和个稀泥，好好的先进武器，也就扯皮扯没了。

同样扯皮的就是明军的火器军训练。火器再厉害，要用好也要有训练保障。隆庆朝至张居正改革时期，明军火器军战力强，一大原因就是训练抓得牢，典型代表是戚继光的军队，除了日常有操练，隔几年还有大型军事演习，横扫天下的战斗力就是摸爬滚打练出来的。

但到了万历中后期，这事也变得不靠谱了。许多军队人员缺编，训练更缺乏，边军原先固定的"团操"等训练，多年不搞。所谓强大火器，基本就是摆样子，真上战场就抓瞎。

随着万历中后期财政危机加剧，明朝的军费也常年一缩再缩，火器产量大减，质量上也糊弄。军器局发的火器，粗制滥造，以至于一些军队拿到朝廷发的火器，都是先倒手卖掉——换钱请工匠自己造好的。

如此一来，明军的战斗力也就大幅度下降。提督学校御史周师旦曾愤怒批评，不但许多火器兵连基本的发射号令都听不懂，基层的指挥军官竟也连正常的队形排列都不会。所谓军事训练，只能"袭其形似"，也就是空摆样子。

等到努尔哈赤扯旗造反，明朝调九万人马大举讨伐，那时火器装备严重不足，还要靠蓟辽总督汪可受在山海关加班加点临时赶造。更要命的是火器使用人员的问题。户部郎中冯汝京惊呼，其中五千多火器兵，竟从没用过火器，还得临时加班加点训练。

接下来就是明朝与努尔哈赤后金政权之间著名的萨尔浒之战。照史料的说法是，努尔哈赤指挥镇定，以少胜多，大败兵力装备绝对优势的明军精锐。

但仅看看火器装备就知道，明朝临时抱佛脚，结果被努尔哈赤踢了窝心脚。

二、八旗真正的火器水平

作为晚明强悍的对手，八旗军的真实火器水平又是啥样？

从萨尔浒之战惨败起，急了眼的明军，军工产业火速开动，之后三年里，上万件新式火器和九万多斤火药发往辽东前线，但无奈明军战场表现太差，大多数火器被八旗缴获。

得到运输队般送上门的大礼，努尔哈赤也不敢怠慢，而且一直虚心研究，到辽沈大战时，八旗已有了技战术水平极高的火器部队。

比如萨尔浒战役时，八旗用来作掩体的松木战车，到了天启年间的辽沈战役时，竟升级成了火器战车，射术精良的八旗火枪兵以战车为掩体，一边冲锋一边射击，特别是浑河野战，面对明军擅长火器的川浙军团更是造成极大杀伤。

在这场数万八旗死磕万余明军的浑河大血战中，伤亡惨重的八旗军，依靠刚被收编的沈阳明军炮队开火，这才打开了明军防线，最终取得惨胜。

比起强悍的川浙军团来，接下来的辽阳大战更能证明，注水的明军火器部队比起八旗军来差距有多大。八旗军兵临辽阳时，明军经略袁应泰还打算绝地反击，以三层火器兵打头阵猛轰，不料八旗军来个针锋相对，也以自家的火器兵对轰。双方一顿对杀，明军杀气腾腾的火器部队就活了七人跑回来。

看上去啥都落后的八旗军，为啥火器用得比明军要好？

客观原因总结起来很多。抚顺清河地区，自嘉靖年间起就是明朝火器生产基地，矿产资源充足，工匠技师也多，努尔哈赤一起兵，全给捡了现成。而后明朝一边败一边送火器，后金缴获什么，很快就能学着造什么。以《满洲实录》的说法，天启年间时，后金就能自行制造火器了。

但要论主观原因，就是两字——效率！

后金起家的时候，虽说经济和制度野蛮落后，可比明朝强的一条就是军事动员体制。放在火器这事上，更是集中力量开发，从制造火器到推广火器再到练习火器，样样都高效。

在努尔哈赤攻打辽阳时，后金就有了火器部队，四千人编制，配备大小火器九十门，专门由汉官管理。数量看似没明朝多，却非常高效：重点生产的都是类似鸟铳、虎蹲炮这类硬家伙。火器兵的训练同样抓得严格，归降的明朝火器兵，日常操练极严格，练得好就有奖，打仗立功也重赏。家伙硬战力强，后金的火器杀伤力自然也就飙升。

于是从天启年间起，明朝痛下决心引进新火器红夷大炮，效果也立竿见影：宁远大战击伤努尔哈赤，气得努尔哈赤连气带病死掉。宁锦大战也猛轰过皇太极。崇祯年间皇太极绕道南下，兵临涿州，一看涿州城上有红夷大炮，竟吓得不敢攻城。憋屈许久的明军，终于凭这款新型武器，重新确立了火力优势。

可真正折射明清两家军事差距且最终拉开彼此水平的，还是这红夷大炮。

三、红夷大炮折射的差距

痛下决心引进红夷大炮的明王朝，非但没改掉低效率毛病，反而愈演愈烈。

初期去澳门买大炮，买来三十门，到北京却又扣下一大半，只拉到前线十一门。到崇祯年间，明朝下决心自主生产红夷大炮，先在登州建厂，又计划京城兵仗局也引进，谁知朝堂又吵作一团，闹得崇祯改变初衷，只在登州生产。

这事也生动说明，造成明朝军事低效的，表面看是钱的问题，其实是万历中期以来越发败坏的党争之风。

后金皇太极这边的效率却是高得惊人，一直重金悬赏，终于在崇祯四年，由汉军旗工匠王天相主持，造出了后金的仿制版红夷大炮。开发成功后就立刻大量制造，四十门火炮，立刻投入大凌河战役。

接下来明朝的"登莱军变"更给后金送了大礼。登州的明朝炮厂好不容易开发成功了中国版红夷大炮，又碰上当地驻军孔友德、耿忠明叛乱，二人带着明朝辛苦研发的火炮技术以及大批工匠，投奔了后金。

说起这件事，后世许多人不是骂孔友德之流无耻，就是叹息明朝运气差。但真正害苦明朝的，其实是明朝崇祯皇帝对这件事的不妥处理。

主持登州火炮开发的是巡抚孙元化，这位彼时中国最杰出火器大师，虽说对兵变难辞其咎，却也人才难得，当时许多有识之士呼吁，给孙元化一个戴罪立功的机会。

但暴怒的崇祯哪里肯听，还是在崇祯五年七月，将孙元化处以死刑。这也意味着之前明朝开发红夷大炮的成果被崇祯亲手废了。

然而东北那边的后金，改国号为清朝，火器生产水平突飞猛进。等着明清松锦大战打完，清军已经连缴获带铸造，拥有了近百门红夷大炮。

崇祯晚期辽东巡抚黎玉田曾痛苦地总结道："酋（清军）铸百炮而有余，我（明军）铸十炮而无力。铸炮造药十倍于我之神器也。"

拥有卓越火器开发眼光和世界顶级技术，更有完备火器生产线的大明朝，就这样在火器环节，从战术到生产被老对手清朝甩开。

早期拥有高效率生产能力，却在一统天下后目光短浅，最终落后于世界的清王朝，也同样在清末复制了类似悲剧：最初由世界先进军备武装起来的清军，面对甲午战争期间的日军和后来的八国联军，一败涂地。

相似的历史，其实也印证了一句老话：决定战争的，是使用武器的人。

明朝官员是怎么变腐败的？

大明王朝开国时，一件叫所有官吏都哆嗦的大事就是反贪。

这件大快人心事，明太祖朱元璋却干出了恐怖的新高度。因为明朝接的摊子太烂，元朝留下的腐败风气太重，大小衙门贪腐泛滥成风，惹得忍够了的朱元璋终于祭出了逆天大招，不但法律零容忍，六十贯钱经济问题就是死刑，而且年年动真格，逮住小案子就顺藤摸瓜查，一抓就是一大窝，动辄牵连举国成百上千官员。当时明朝的田间地头，满眼都是悲戚戚劳改的落马贪官，侥幸没犯事的官员，早晨出去上班，晚上回家就全家欢呼——庆祝多活一天。

如此大动作，后世褒贬不一，相关的影视题材作品里全是朱元璋铁腕治贪的光辉形象。不过另一个声音也刺耳：既然明朝反贪力度这么大，那为什么最后明朝官员贪腐成风呢？

这么个放在历史系里可以弄一篇科研论文的话题，其实看看明朝三个世纪里一些社会现象的变化，答案就很明晰。

一、曾经很清廉

朱元璋铁腕反贪有没有用？听听史料里一句话就知道：吏治澄清者百余年。也就是说换来了大明朝一百年的廉政。

要看看明初的官场做派，就知道这句话绝非吹捧。明初官场的一大风格就是"朴实"，以明朝永乐年间大学士金幼孜的话说，永乐年间的官员，哪怕官居御史要职，生活也都十分清苦，许多人家里房子漏雨，竟然都没钱修。而且十五世纪时的明朝官员，也真心不讲究这个，就连官场日常宴会，到了明英宗年间，也不过是四大菜四小菜，席间都是饮清水，不是重大节日，见不着酒。

当然最重要一点是信仰。以明朝顾起元的说法，正德年间以前，官场上官员聊天，聊的基本都是道德文章，或者是民生国务。莫说是借着权力捞好处，有时候官员哪怕稍微讲究点儿生活，传出去也会被人笑话。

但是正德年间后，又成了什么样子呢？且不说官员为官如何，哪怕就是个刚中进士的年轻官员，中榜的消息刚传开，立刻就有好事者跑过来投奔，然后就开始打着你的名号帮你敛财。获取土地田产，帮你放债，这些事在北京城里，只要你能中进士，立刻就有人找上门来帮你办。许多考试前穷得叮当响的年轻人，中榜短短几天就能聚起十多万家产。

二、御史不骑驴

明朝防备贪污腐败的一个防火墙就是御史制度。

照着明太祖朱元璋的设计，这个制度以小治大，品级低的御史们拥有极大权力，监督检举一切腐败分子。更有定期的巡检制度，好比一把快刀，斩除看到的所有腐败现象。

但千万别以为有这么大权力的御史就可以无法无天。明初的制度设计里，对这些反贪先锋的管理同样十分严格。就以成天出去伸张正义的御史巡视来说，明初的御史们绝不像周星驰电影里那般吆五喝六，通常都是轻装简从，就带一个书吏骑着毛驴出发，而且一路上开支也必须从简，连鸡鸭鹅这样的美食都不许吃，否则极可能被扒皮塞草。

因此相当长一段时间里，骑驴的御史就成了明朝出名的正义勇士，许多大奸大恶的巨贪都是在御史骑驴巡视的过程里被发现的，以至于有时候地方官看到有人骑驴过来，能当场腿软吓晕。

但发展到腐败加剧的晚明，这御史骑驴的规矩都成了笑话。原先清廉的御史制度早已腐化不堪，理论上的轻装简从都变成了高头大马，一路耀武扬威。许多御史出一趟差，基本就能挣出几十年的外快来。当御史都不骑驴了，就意味着大明朝的腐败连神仙都难救了！

三、倒霉临时工

明朝另一个出名恐怖的组织，就是大名鼎鼎的东厂。

按照许多武侠小说的描绘，这个组织不但神通广大，而且成员奇葩，基本都是由生理独特的太监们组成，且因生理优势精通诸如辟邪剑法之类的武功，作战能力十分强大，情报工作更无孔不入，在两个多世纪的发展史上，一路血债累累。

但在真实历史上，这个组织虽说凶残，成员却没这么极品。特别是到了腐败加剧的晚明，手黑的东厂更是变得乱七八糟。原本应该精挑细选的东厂校尉职务，都成了卖场生意，只要花几百两白银，就能买个东厂校尉名分，打着招牌出去为非作歹。

几百两白银，差不多相当于今天的几万元人民币，花这么多钱买个头衔值不？太值了，就以明朝天启年间来说，东厂的校尉们奉命外出抓人，走一路吃一路拿一路，还没见着苦主，就能从沿途地区敲诈到数千两白银。以《人变事略》里的原话，叫"利如市贩"。

但有时候跑错地方也得抓瞎，比如天启年间"苏州五义士"事件，抓人的东厂校尉们，被愤怒的苏州市民暴揍，许多都送了命。但其中一个叫李国柱的死者却相当倒霉，他本来和东厂八竿子打不着，花五百两银子买了个身份，本想来苏州捞一笔，没想到送了命。

四、带头来腐败

明末官员们腐败到什么地步呢？可以说触目惊心，不只是贪污多少钱，而是信仰崩塌。

以《归田小令》里的记载，明朝嘉靖年间以后，年轻官员科场中榜后，有几个必须动作，一是要给自己取个号，这样才能在文官圈子里面混事。二是要在京城娶个小老婆，还必须是上得了台面的那种，否则大家都会排斥你。第三就要有一处好的田产，而且能办诗会的那种。国家大事？傻子才操心。

如此风气下，晚明年间，明朝官场的奢侈风气日胜一日，吃穿都是极尽奢靡，业余活动也丰富，比如嫖妓。明初的时候，曾经严打官员进妓院，到了明末，官员们连这个步骤都省了，直接在家中摆宴，请妓女登门服务。很多西方传教士的笔下，比如利玛窦、汤若望等人的日记中都记录了明朝官员们的奢靡生活，而且这种奢靡生活是由公款支撑的。

根据明清许多笔记的说法，公认一条，就是"前明富家甚多"，许多在明朝朝廷里三五品的官员，尤其是江南籍的官员，退休回家后，宅院豪华得可以和王府媲美，通常都是几十万亩的规模，数千奴仆。联系一下此时的大明朝穷得国库揭不开锅的情景，就知道大明朝的钱，所谓繁荣的经济收益，到底都落到了谁的腰包里了。与其说是后金与李自成灭了明朝，倒不如说正是官员的贪腐把崇祯逼得上了吊！

他打得八旗窝里反,却"消失"史册数百年

一、清朝故意隐瞒的强人

清朝一桩亮眼的文化成就就是编修《明史》：历经九十年修订,三百三十二卷的庞大篇幅,涵盖明代三个世纪几乎所有的重大人物事件。其涉及之广,人物史料之翔实,都堪称独步古代典籍。清代史学家赵翼标榜说："近代诸史……未有如《明史》之完善者。"

但是,在对待晚明一位巡抚时,号称"史上最完善"的《明史》,却是突然变了脸。哪怕在明末相关的千秋史册上,此人筹谋辽东的风姿,浴血沙场的功勋篇篇激动人心,但《明史》的编订者们却选择性失明,一个字都不整理,硬是把这位曾名满天下的英雄排挤在了《明史》之外。

难道是《明史》的编订者们有眼无珠？事实上,整个清代,这位被《明史》漏掉的强人都令清王朝高度紧张。其个人著作乃至记载其事迹的史料,一度被统统焚毁。读书人作文时,只要提到此人姓名,几乎就是杀头大罪。甚至到了清朝灭亡前夜的光绪年间,纪念此人的牌楼依然常被清政府悍然拆除。抹掉有关此人的一切记载,俨然成了清代三百年里官员们的一项"常规工作"。

如此令清王朝讳莫如深的人物,正是明末军事强人袁可立。

二、蒙冤二十四年的"青天"

在成为一位令清王朝难以启齿的军事强人之前,袁可立早有另一个身份——

名满天下的查案强人。

袁可立,字礼卿,明朝嘉靖四十一年(1562)出生于河南睢州。睢州,即唐代安史之乱时满城浴血抗击叛军的小城睢阳,在这"硬骨头"城市长大的袁可立也长成一个硬骨头汉子。二十七岁科场登第后,他以天不怕地不怕的胆子,不停地闹出大动静。

先是在苏州推官任上时,刚到任就硬顶应天巡抚李涞。他明知李涞有内阁首辅申时行撑腰,却是毫无惧色,把李涞巡抚勾结地方士绅,陷害清廉知府石昆玉的烂账,几下子就查得清清楚楚,硬是叫这个跋扈巡抚灰溜溜罢官走人。接着他又乘胜追击,一口气复查了当地上千件积案,给大批蒙冤者昭雪抚恤。以当地史料形容,苏州当地原先人满为患,关押着大批无辜者的监狱,都叫袁可立治得空空如也。

就这样,早年在司法战线奔忙的袁可立,走一路洗一路冤情。不管在苏州任推官,还是调任京城做监察御史,从来都是这般有胆有识的风格。甚至在巡城御史任上时,他还曾不惧各方威胁,当街斩首法办了闹出人命的太监,一下收获绰号"真御史"——万历年间的御史,要论真正忠诚干练的就是袁可立!

但在亲眼见识了万历皇帝怠政误国的丑剧后,"真御史"袁可立却是再也忍不了了,他愤然上书直言,但比起那些为骂而骂的奏折来,他的直言都是实在话,把此时明王朝财政国防的各种危机,摆事实讲道理说得一清二楚。因为说话太直接,万历皇帝看完就炸了,干脆利落地把袁可立一撸到底,直接削职为民,是为晚明一桩长达二十四年的冤案——震门之冤。

蒙受冤枉的袁可立在回家后的二十多年里,一直都在睢州老家闭门谢客。例外的只有一次,万历四十二年(1614),万历之子福王朱常洵就藩洛阳,趁机在睢州横征暴敛,袁可立再次愤然站出来交涉,一番据理力争,终于叫福王一伙乖乖走人。历经打击,身负冤情,袁可立,依然是那个为民请命的袁可立。

之后不久，他更如一把锋锐宝剑，呼啸着挥向那个叫大明朝满朝抓狂的强敌——后金八旗。

三、不世之功，毁于党争

泰昌元年（1620），万历皇帝驾崩，明王朝下旨为袁可立恢复名誉，任命其为尚宝司丞，次年又晋升为太仆寺少卿，并奉旨祭奠孔子祖陵。五十八岁的他，此时正是仕途春风得意时。但袁可立的眼睛却早早盯住了大明朝此时最水深火热的地方——辽东前线。

天启二年四月，六十岁的袁可立正式受命，出任登莱巡抚，扛起了大明朝边防线上的重担子。此时的登莱乃至山东全境正如烂摊子一般，白莲乱军四起，兵士纷纷逃亡，袁可立上任路上就多次遭到乱军袭扰。毫无惧色的袁可立亲自带兵冲杀敌阵，连他六十多岁的夫人也亲自上阵擂鼓助威。就这样走一路杀一路，总算有惊无险，赶到了风雨飘摇的登莱。

但这之后，不到三年时间，残破不堪的登莱竟然大变样：乱军全数被扫平，海岸线上修起了坚固炮台，市面上商旅往来频繁，海面上战舰云集，一支战斗力强大、规模多达五万人的崭新部队华丽亮相。这个明朝海防要冲，已然成了一支顶向后金的强力犄角！

那这"犄角"战斗力如何？体会最深的就是海那边的后金政权。

天启二年时，袁可立就主动出击，利用海上运输优势，陆续清理辽东半岛海面上的后金军队，以登莱为基地，明王朝与朝鲜、琉球等属国的通道全数打通。辽东海面成了大明船队的天下。

天启三年三月起，袁可立的舰队开始出没于旅顺、平山等地区；六月，袁可立与苦战皮岛的毛文龙密切配合，多次袭扰后金部队；七月，袁可立的部将张盘一举攻克金州，拿下旅顺望海堡等要地，收复辽南失地。被狠打了闷棍的后金，这下"四卫已空其三，沿海四百余里之地奴尽弃之而不敢据"，损失十分惨重。

如果说这几次胜利还只是打了后金冷不防，那么接下来，后金八旗更体会到袁可立麾下军队那满血升级的战斗力：天启三年九月起，红了眼的后金大军深入旅顺金州地区疯狂劫掠，却被早有准备的袁可立一一击退。同年十月的旅顺血战中，袁可立的爱将张盘趁夜发起袭击，与后金军打了一场硬碰硬的野战，杀得八旗"器械、铳炮俱掷弃而奔"。次年正月初三，上万八旗精骑，再次在旅顺城下大败。面对袁可立这一套水陆并进的打法，无论野战还是攻坚战，"满万不可战"的八旗，几年里输得底朝天。

在战场上节节胜利的同时，袁可立还给后金来了个"窝里反"，经过袁可立策反，努尔哈赤的女婿刘爱塔终于下了反正的决心，投奔大明。虽然在袁可立担任登莱巡抚时刘爱塔几次投奔都功亏一篑，但崇祯元年，他重归大明并最终为保卫大明力战殉国。

以《明实录》等资料统计，袁可立担任登莱巡抚期间，与后金前后交手七次，每一次都以完胜告终，把隆隆推进的后金八旗牢牢压制在辽南之外。明王朝的辽东边防压力，这才骤然减轻。

可苦心为国的袁可立还是挡不住背后的暗箭：袁可立性格刚直，最恨党争误国。他在登莱苦干时，正是东林党与阉党互掐到乌烟瘴气时。老实干活的袁可立先被东林党的言官谩骂，而后又被魏忠贤当作眼中钉，最终愤然辞职离去。

他的离职也成了明朝登莱防务的转折点，曾经与袁可立密切配合的毛文龙从此陷入孤立无援的状态，并在崇祯年间死于袁崇焕的"尚方宝剑"下，而袁可立精心设计的登州防线又在明王朝的昏聩指挥下，以一场"登莱兵变"土崩瓦解。心灰意冷的袁可立在登莱兵变的同年病故于家中——大明朝的党争，终令一代军事大才落得有志难伸。

在袁可立身后三百年历史里,清朝统治者对这段曾经的败仗,当然讳莫如深。袁可立的辉煌战功也从此被长期隐瞒,直到辛亥革命一声炮响后,那些曾被埋没的史料才陆续重见天日,令那个危机深重年代的国人们重新认识了这位铁骨铮铮的大才。

兴也驿路,亡也驿路

中国历代王朝,开国条件若论惨,没几家能和明朝比:大江南北全打烂,北元还在边关不停捣乱,元顺帝跑路时恨不得卷走了北方所有金银贵金属,连发行货币都一度困难。外加天灾不断,各省流民遍地,昔日繁华无比的城市许多都成了废墟。比如著名的扬州城,宋元年间的富庶之地,被元末战争打得稀烂,竟只剩下十八户人家。但如此民生惨淡的王朝,明太祖朱元璋登基时却发誓:务欲使民丰衣足食。

因为这位立志再造强大王朝的帝王,早已找到了一支恢复国民经济的最好强心针。以老百姓早年间的话说,要想富,先修路。朱元璋想修的就是中国古代王朝连通大江南北的驿路网络。

虽说驿路这个工程历朝历代都有,但之前还从没有人像朱元璋这样,以如此决心修到这般大场面:洪武元年军队还在追亡逐北时,朱元璋就专门颁布了严令,许多军队驻扎后就地扛起工具,全力修缮当地道路。待到天下一统之后,修缮驿路更成了头等大事,在地方官的考核里,这是绝对硬杠杠的考核标尺。

如此决心,也换来了大明朝的驿路建设成果:全国各地府县,每隔六十里就设有驿站,备有马驴等交通用具,另外还有提供车船的水驿站,大江南北形成了四通八达的交通网,总长度达十四万三千七百里。这空前强大的交通体系成为王朝的血管,大明王朝开国各种移民建设乃至种子稻谷的输送都变得方便快捷。曾经一片废墟的明王朝从此大补血,不出三十年时间就再造国富民强的盛世。以《国朝献徵录》的说法,明朝开国后的国泰民安,发达的驿路交通是首功。

这么强大的交通网络,在明王朝之后的岁月里更是不停演进,甚至成了大明朝的国际招牌。在永乐大帝万国来朝的年代里,造访明王朝的外国使臣无不惊叹中国发达的交通网络。甚至明朝中后期,那些怀着傲慢情绪踏上明朝土地的传教士,也纷纷被强大的明朝驿路所折服。西班牙人拉达惊叹说,明朝福建地区的驿路交通,路面宽阔得难以想象,更有良好的排水设施,每次大雨滂沱之后,驿路上的积水都会迅速地排干净。仅仅这一条,就领先西班牙人实在太多。

而且这时候的明朝驿路,也早不是朱元璋时代那个规模,从永乐皇帝登基起就不惜血本地继续修,往北一直修到了今天的松花江、黑龙江流域,往西更是从四川延伸到了西藏、拉萨地区,传统的川藏茶马古道从此成型。此举对于我国统一的多民族国家的发展,贡献突出。

更加突出的还有明朝驿路强大的运输水平。以《粤剑编》里的记载,明朝官员王临亨从苏州出发到广东出差,一路上走的是最偏僻的线路,而且不停地游山玩水。王临亨就这样走走停停,只用不到一个月时间,就从苏州抵达了目的地广东南雄。

朱元璋恐怕万万没有想到的是,正是明朝这出名强大的驿路系统,最后却给明朝的灭亡挖了坑,原因只简单俩字——腐败!

变质的明朝驿路

腐败怎么和明朝驿路扯上了关系？这就得说说明朝驿路的基本管理制度：符验制度。也就是说，由兵部车架司管理的明朝驿路，需要有个信物，才可以免费使用驿路。多年以来，这个制度有效保证了明朝的交通运输，也减轻了百姓的负担。

可是，从嘉靖年间起，这个良好的制度迅速变质。一方面是官吏腐败严重，符验的发放极其混乱，到了嘉靖初年时，就一度废弃不用，改为更加严格的勘合制度，这个东西更加严格，以纸做的公文，写明使用者的职务和去向。可是没想到换汤不换药，特别在严嵩担任内阁首辅期间，勘合的发放更变得无比泛滥。官员的七大姑八大姨外出办私事，轻松就可以找来勘合，一路白吃白拿。

更加离谱的，却是另一个驿路信物：火牌。这个信物原本更加严格，本来只允许边关军用，用以传递紧急军情。可是到了万历年间，这个高大上的东西也变了味，不止军队可以用，各个衙门更是争相效仿。以《西园闻见录》里的话说，使用者拿着火牌，不仅能一路白吃白喝，报销的时候还能多填马夫钱粮，来回跑几趟，发家致富特别容易。

然而如此负担无一例外地全都转给了老百姓。驿站的服务基本都靠沿途普通老百姓服徭役，属于无偿使唤。驿站的车马驴费用更是由当地老百姓来买单。以《明经世文编》里的说法，许多官员沿途勒索百姓，狮子大开口要钱要粮，闹得百姓苦不堪言。《明经世文编》里更形容，中人十家之产，岁不能供一役。

如此劳民伤财的局面，从明朝张居正改革起就不停地改。在张居正改革时代，明朝严格控制驿站的使用，并借着一条鞭法的东风，改为老百姓出银雇人代役，一个新的产业链迅速形成，各地都出现了大批以此为业的专业役夫。可是张居正去世后，驿站的乱用情况又迅速泛滥起来，到了万历晚期，仅是车马的工食费用就比万历之前上涨了七倍。所以，到了心疼钱的崇祯帝登基后，这事也变得没商量，经过御使刘懋疾呼，直接简单粗暴裁掉。

但问题是，驿站裁掉了，朝廷的交通不能松，摊在老百姓身上的钱，只是变了个花样继续要，而全国数十万驿卒没了饭碗，加上失业、天灾，终于造成民变。崇祯十七年，驿卒出身的李自成打进北京，将崇祯帝逼得上吊。造就明朝辉煌的驿路工程，最终成了国家灭亡的丧钟。

松锦之战，明朝真的必败无疑吗？

如果说晚明有哪一场战争曾经最接近挽救明王朝的国运，那么毫无疑问，就是爆发在明朝崇祯十三年（1640）的明清松锦大战。

在明清战争的惨烈历史上，这场大战堪称主力大决战，清军开打时采用清太宗皇太极惯用的"围点打援"套路：是年五月，清军对明军锦州坚城发起攻击，扫荡了外围堡垒后，就对锦州形成围困，意图布好口袋消灭明朝援军。但紧接着，志在必得的清军就叫开了苦，这次真碰上了硬茬子——明朝蓟辽总督洪承畴。

身为明末杰出战略家，比起以往明军面对清军攻击时的昏聩应对，洞悉清军战略意图的洪承畴早早拿出了应对大招：守而兼战。

这大招一放，清军果然严重不适应。被围的锦州明军其实早早屯足了粮草，铁了心要打消耗战。集结重兵的洪承畴，也没像清军盼望的那样往口袋里钻，而是以十万重兵步步碾压，一步步对围城清军形成压迫，还多次冲开清军围困，将粮草送入锦州城内。打到是年九月，被围的锦州城粮草已可支撑到次年春天。清军精心部署的口袋，叫明朝重重戳了好几个大洞。

更叫清军不适应的是明军焕然一新的战斗力。这支集结明朝九边精锐的部队，在洪承畴的正确指挥下，一改往日明军撞上清军八旗就尿的丑态，打得相当有声有色。到了崇祯十年四月，明军发起痛击，把清军悍将济尔哈朗打得狼狈败退，一举占领乳峰山清军营地。主持战事的清太宗皇太极，急得直流鼻血。以朝鲜史料记载，此时清军"大将三人降，二人战死"，战局十分不容乐观。

让清军更担忧的却是战役前景，这场旷日持久的血战，已让围困锦州的清军士气低落，以《国榷》的记载，清军方面出现了"今秋不得锦州，议撤兵回"的声音。战事打到此时，明王朝已经牢牢掌握了主动权。一场空前的抗清大捷，已然在招手。

如果此战真能如洪承畴战前规划的那样发展，直到取得胜利，那么遭受重创的清军将无力对边陲进行骚扰，明朝就可以腾出手来解决越演越烈的农民军，困扰崇祯十多年的两线作战难题，极有可能迎刃而解。这就是大明朝赌国运的一战！

可是就在洪承畴已经成功掌握了战局主动权时，一个月不到，来自明王朝的瞎指挥就彻底打乱了原有的部署。面对越演越烈的中原农民军动乱，心急火燎的崇祯帝连番死催洪承畴进军。无奈的洪承畴只能咬牙更改战略计划，在是年七月率军进抵松山。这个犯兵家大忌的做法，埋下了战局转变的祸根。

同样是在进抵松山之时，被迫更改计划的洪承畴也犯下了他戎马生涯里为数不多的错误：前军厚集的明军，没能保护好后方粮道，结果笔架山粮道被清军迅速切断。缺少粮草的明军顿时陷入慌乱中。先前决一死战的气概，变成了各支部队仓皇突围。清军趁势猛攻,令明军土崩瓦解,回天乏力的洪承畴苦守松山城八个月,最终兵败降清,做了清朝入关的急先锋。

值得一提的是,即使在明军陷入崩溃局面时,明军中战力极强的曹变蛟部依然发起反击,甚至险些攻克皇太极的大营。只可惜明朝高层的瞎指挥,终于让这样忠勇的精锐部队覆没于辽东。

很多后人在复盘此战时,都感慨洪承畴关键时刻的用兵失误。但如果仔细分析双方力量对比的话,明军动用了十三万大军,而清王朝更是精锐尽出,甚至以《明季北略》的说法,清军数目已达到二十万人。无论哪个数目,明军兵力不占优势已是事实。在本身实力有限且两线作战困局下,盲目选择决战才是一种不负责任的玩火,而这不负责任的祸首,正是瞎指挥的崇祯帝!

一场原本已经沿着明王朝战略规划发展离胜利已不远的决战,就这样被崇祯帝的荒唐催促给断送了。

魏忠贤不死,明朝不灭?

身为一位坏事做绝的大太监,大明"九千岁"魏忠贤,在许多"历史新观点"里,竟还有着"改革国家税收""抗击后金入侵""打击贪污腐败"等功劳,俨然悲怆失败的救国大英雄。一句"好评"更是长期在互联网上流传:"魏忠贤不死，大明不灭！"

这么巨大的荣誉，魏忠贤公公能否担待得起？看过下面这几桩实锤的事实，他究竟有多"英雄"，就会一目了然。

一、让人喷饭的"崇祯为魏忠贤平反"

其实，"魏忠贤不死，大明不灭"的出处，来自晚明小说家冯梦龙作品《燕都日记》。书中说明朝亡国前夜，魏忠贤的昔日老部下曹化淳毅然为魏忠贤正名，"忠贤若在，时事必不至此"。一句话让焦头烂额的崇祯帝眼泪哗哗，连忙"收葬魏忠贤骸首"，场面十分感人。

但记录这桩感人桥段的冯梦龙，当时人在江南，根本不在北京。原明朝锦衣卫王世德在明亡后也愤然写文辟谣："荒谬不足致辩！"崇祯给魏忠贤平反？那是荒谬谣言！

就连"平反事件"里的当事人，传说中为魏忠贤"正名"的曹化淳，也是一肚子委屈。他哪是魏忠贤的老部下，他明明是魏忠贤昔日死敌王安的心腹。更重要的是，北京城破那年，他早就告老还乡多年，一直待在天津老家，哪有空管这死对头魏忠贤？清军入关后，曹化淳摇身一变，又成了顺治帝身边的太监，对这"平反传言"，他也满肚子委屈，逮着机会就找顺治帝诉苦：老奴那年不在北京，老奴真没有帮魏忠贤平反！

确实，当时陷入绝望的崇祯皇帝，正忙着大骂"诸臣误我"，哪有空怀念魏公公？

既然谣言如此荒唐，当时为何流传江南，连冯梦龙都照收呢？曾在崇祯年间担任翰林官的杨士聪，一语道破真相："而迎合时局，谬为夸诩。"当时南明弘光政权建立，一群阉党出山掌权，但阉党名声太臭，先得造舆论洗白，于是把远在天津的曹化淳拉出来，造出"崇祯平反魏忠贤"的段子。这种站不住脚的伎俩，也被杨士聪辛辣吐槽："殊堪喷饭。"

二、吓坏清朝人的"魏忠贤楼盘"

魏忠贤的另一个热门话题就是他的经济问题。由于明朝规定，内侍的家产查抄后全归内帑，所以魏忠贤的财富数额也就成了谜，因此还衍生出"魏忠贤还不如清流有钱"的怪论。但魏忠贤的管家李永贞家却被抄出了二十九万两白银，比清朝巨贪和珅的管家还多九万两。魏忠贤本人有多少钱？数额必然触目惊心！

在崇祯上吊四十七年后，即清朝康熙四十年（1701）时，京城巡城御史张瑗无意中发现了铁证：北京西山碧云寺一侧，藏着一座宏大坟墓，其风貌"峻宇缭绕，复压数里，郁葱绵亘，金碧辉煌"，简直能与皇陵媲美。坟墓前的大碑更惊掉张瑗御史眼球——魏公之墓，即魏忠贤权势滔天时砸钱修筑的豪华陵墓，其奢华程度堪称明末清初的"天价楼盘"。

只看此处，就知当年呼风唤雨的"九千岁"魏忠贤每天要糟蹋多少民脂民膏。

如此震撼景象，也把张瑗御史看得泪奔，他接着就愤怒地给康熙上了奏折：皇上您刚重修了岳飞陵墓，又给于谦的墓碑题词，那是给天下树立了正义典范。可这"魏忠贤楼盘"怎么还保留呢？这么个"荼毒忠良"的浑蛋，死了还留下个"秽恶之迹"，这是叫天下人都学他祸国殃民？康熙看后也拍了桌子，接着把这豪华陵墓"立仆其碑，划平其墓"清理了个干干净净。

连清朝人都知道，对魏忠贤其人其事，若还大加赞扬，那就是个三观问题。

三、魏忠贤增加国库税收，还抗击后金？

当然，在那些流传已久的"魏忠贤功绩"里，最出名的两条是魏忠贤增加了国库税收与抗击后金入侵。此事当真？

先说"增加国库税收"问题。明末缺钱缺急眼，财政的症结毛病写好几万字的论文都打不住。天启年间的税收改革是从天启初年东林党掌权时开始，朝廷减了北直隶八府百姓的田赋"加派"，又绞尽脑汁从盐税关税乃至"巡按公费""房产税契""典铺酌分"等"杂税"方面想办法，一直到天启三年时，总算能勉强补上每年六百多万两白银的军费窟窿。

待到魏忠贤踩翻东林党后呢？他有没有"大刀阔斧改革财政"？其实，在他权势熏天的几年里，明朝其他几项收入来源基本都没变化，只有关税加派到二十万两。这一点钱，对于当时缺钱到红眼的前线是杯水车薪。

收入没增加，外加魏忠贤及其团队那捞钱不眨眼的工作作风，明王朝的财政状况可想而知。魏忠贤权倾朝野的天启五年，辽东前线就出现了"饥兵饿毙脱巾"的惨状。欠饷缺粮的场面，魏忠贤当权的几年里越演越烈，终于成了崇祯即位后骤然砸来的一口大锅。

至于天启年间明朝和后金打的那些大仗，明朝引进红衣大炮时，魏忠贤还在后宫里做饭。修关锦防线给袁崇焕留下家底的是孙承宗，支撑毛文龙血战敌后、把八旗怼出辽南的是袁可立，全和魏忠贤不搭边。只是在宁远之战和宁锦之战后，抓紧蹭热度给自己揽功劳时，魏忠贤的存在感才很强。

反倒是熊廷弼的含冤身死，魏忠贤火上浇油。袁可立的含恨去职，登莱军的衰败，也因魏忠贤爪牙的迫害。自毁长城的事儿，倒是少不了他。

四、魏忠贤杀伐果决？阉党比东林党忠诚？

说到底，魏忠贤能不能救大明，还得看他的能力。

影视剧里的魏忠贤公公，经常是一幅杀伐果决的枭雄模样，就差去练《葵花宝典》。但真实历史上他的"枭雄本色"如何呢？天启四年，杨涟愤然弹劾魏忠贤，得知消息的魏忠贤吓得浑身如筛糠，哆嗦着号哭不停，哪有半点儿"枭雄气概"？

如果说这副可怜相还有在天启皇帝面前演戏的因素，那当魏忠贤的爪牙们在苏州挨了揍，几个校尉全被打死后，被狠狠打脸的魏忠贤又吓得浑身哆嗦，连呼"彼为变奈何"。

说到底，此人够狠够阴，但骨子里是个色厉内荏的流氓。给大明当救星？梦里都没有！

如此流氓，用人的水平可想而知。虽然他也用过朱童蒙等能臣，但绝大多数的阉党都是崔呈秀、顾秉谦之流。崔呈秀等人渣除了跟着捞钱，就是歌功颂德修祠堂，玩命把魏公公往"圣人"级别捧，在魏忠贤掌权的几年里，演够了"文人下流"的丑剧。

待到明清山河变色时，那些昔日魏忠贤的阉党骨干更是暴露了本质。虽说东林党们人设崩塌的不少，留下了钱谦益"水太凉"的笑话，但阉党们的表现更是吃相难看：阉党成员阮大铖卖身投靠清军，还在清军面前自诩"铮铮铁汉"，急着要给清军卖命，却得急病倒毙在清军军营，被人家草草刨坑埋了。

如果说阮大铖之流还是东林党投靠过来的，那"纯正"的阉党们呢？昔日魏忠贤的心腹冯铨也果断投靠清军，一度做了清王朝的内阁大学士，李若琳做了清朝礼部尚书，个个都是做叛徒的行家。更可笑的是，都改朝换代了，这帮人的"斗争精神"依然不止，跟有原东林党背景的"叛徒"陈名夏掐个不停，终把陈名夏送上了法场。

大明依靠这帮人，怎能有救？

说到底，明朝灭亡，亡于缺少全局眼光的执政者，更亡于已经严重恶化的政治生态。拔高魏忠贤，这是对历史教训严重的不重视。

崇祯能力怎么样？可以比比朱元璋

明末亡国之君崇祯帝朱由检在执政生涯中各种悲催，却有一大优良品质公认可与明太祖朱元璋媲美——刻苦努力！

明太祖朱元璋的刻苦努力在史上无比出名，从打天下到坐天下，都是起早贪黑忙，几百年后的崇祯帝，却也不遑多让，一生累死累活，扛到穿打了补丁的龙袍上吊，死对头李自成都看得叹息连连，后世奋斗青年更是情怀泛滥：明明像崇祯一样刻苦努力，为什么就不能成功？

但如果泛起情怀之前没弄明白两个物理学概念，人生肯定就没希望了——有用功和无用功。

人生努力，起效果的是有用功，正如工作狂人朱元璋，狂飙突进每一步，都是江山伟业一大步。原地踏步的无用功，乍一看态度样貌与激情澎湃的有用功相似，但累死累活到最后，就是筋疲力尽后上了吊。不信就瞧崇祯帝，人生里许多极像朱元璋的光辉事迹，何止原地踏步，还把大明江山给丢了。

一、辛勤批奏折

要论崇祯帝最像明太祖的事，就是批奏折。

以《明实录》的统计，朱元璋自从登基后，平均每天要批阅二百多件奏折，处理近五百件国事。有时四更天就起床，忙到抓狂，许多事来不及处理，只能写成小纸条贴袖子里，以至于讲话时一不留神，小纸片就从袖子里飞出来。

崇祯帝在这个行业的工作量堪称明代最接近朱元璋的一位。同样是每天凌晨起床，哪怕每篇奏折全是水深火热的糟心国事，照样甩开膀子加班加点，再苦再难也死命拼。别管奏折上是八旗军破关南下还是李自成战旗漫天，多么恐怖的场面，都是冷静下指示。其勤劳加抗压的能力在历代帝王里都是绝对高水准。

同是勤劳刻苦，为何朱元璋可以把开国时满目疮痍的大明朝整治得焕然一新，而崇祯帝，却是越忙碌越糟糕？朱元璋的一桩小事就是答案！

话说朱元璋一次批到大臣茹太素的奏疏，明明五百字可以说清的事，茹太素大人足足说了五万字，气得朱元璋拍案大怒，直接把茹太素拖来一通暴打，打完后又好生抚慰：你说的事情照办，但是你写这么多字，朕如何受得了？一番打顿板子揉三揉，彻底奠定了大明官场好风气：说话办事有一说一，绝不扯闲篇。

其实同样的烦恼，崇祯也遇到过，晚明的官场政风，早已到人浮于事的阶段，奏折上浮夸糊弄成了常事，闹得崇祯也有抓狂的时候，可比起朱元璋的大动静，抓狂的崇祯却耍小聪明，经常批奏折时故意选几个大臣奏折里的错别字，然后借题发挥，把写错字的大臣一顿批。得意的崇祯认为，如此一来，大臣们连错字都不敢写，必然小心翼翼做事。

可崇祯哪里想得到，如此一来的后果，就是大臣们的奏折越发的务虚，以前是云山雾罩，这以后只求四平八稳，甚至各种报喜不报忧，每天只求自己读得舒服的崇祯也就好比被蒙上了眼睛，越忙活越抓瞎，等到北京城破后上了吊，李自成翻一堆遗留奏折，还是忍不住大骂：成天批阅这种东西，不亡国才怪！这道理崇祯都不如没文化的李自成明白。

乍一看，这是个技术问题，但从根本上说，朱元璋打茹太素，为的是说事，崇祯挑错别字，是为了自己读着舒服。说到底，还是个态度问题！

二、上课学什么

朱元璋能够从草根变皇帝，一大成功经验就是爱学习。别看从小家里穷，也没读几天书，但从踏上元末战场起，他的学业就从没落下，除了逮着机会就读书，还专门开办"日讲"课堂，邀请李善长、刘基、宋濂等谋士，每天到时间就给自己讲课，从一方军阀到统一天下的人生路，就是这么学着走来的。

比起贫苦出身的朱元璋，崇祯皇帝从小的教育条件无比优越。身为锦衣玉食的皇子，从小就治学认真，学问水平很高，他在位期间写的相关诗词，后世都公认高水准。崇祯的学习热情也是无比旺盛，对朱元璋的这条成功经验，从登基起就坚决继承，别看每天批奏折批到抓狂，课业也绝不落后，特意重启了荒废多年的"日讲"，在位的十七年，天天都要听讲，学习热情无比高涨！

但两者的差别就在一事：学习内容！

朱元璋的"日讲"，每天内容千差万别，但目标却从来一致：得天下。以刘基的评价，朱元璋拥有和刘邦相似的悟性，哪怕一堂看似不相关的历史课，他都能立刻从中悟出道理，迅速做出决断并执行。每一次隆重的"日讲"课，经常在朱元璋的突然发令中被打断，大明王朝的事业却因此不断壮大。

到了明朝开国以后，朱元璋的"日讲"又多了一个重要内容——研讨。大明开国千头万绪，国家残破得掉渣，和北元的战争也在继续，多如牛毛的国务在"日讲"中讨论，朝会上难以决断的问题，经过"日讲"时的观点碰撞，经常使决策者豁然开朗。

但放在崇祯面前，情况却恰恰相反。比起朱元璋选拔的能力卓越的讲官，崇祯选来的却多是饱读诗书的老学究，或是工于心计的政客，每次的"日讲"早期是务虚扯皮，后期更成了拍马屁，明明外面水深火热，"日讲"上一群官员却在争相歌功颂德。朱元璋时代的"日讲"是前行的指示灯，而对于崇祯来说，"日讲"则变成了避风港。

可此时大明朝岂是逃避的时候？逃避的崇祯，把表面的勤政变成别样的偷懒，直到明朝灭亡！

三、眼光有多差

在后人眼里，朱元璋和崇祯最像的一条，莫过于铁腕作风。

朱元璋登基的早期，面对的是"往往蹈胡元之弊"的腐败官场，但他却厚积薄发，先不慌不忙编律令，时机成熟后就出重拳，一下把官场恶习砸得稀烂。朱元璋在位三十年间，先后四次血雨腥风办大案，成千上万官员落马，以举国贪官污吏的哀号换来了"吏治澄清者百余年"的大明盛世。

崇祯皇帝在登基早期狠治魏忠贤时就曾果断下重手，一番软硬兼施，把权倾天下的魏忠贤轻松送至上吊路，然后在位十七年，隔三岔五下狠手，六部尚书和内阁大臣一茬茬换，地方的巡抚论罪处死的也有许多位，恨不得使尽浑身解数，把大明满朝贪官污吏全部清理干净。但崇祯一番狠拼硬打，却落得官员们集体吃里爬外，临终留下"诸臣误我"的遗言悲戚戚上吊，尸骨还没下葬，北京城里的大小高官就组团跑到李自成处求收留。

如此状况，后世许多仁人志士，说起来就摇头叹气，大骂明朝官员无耻，但最令人摇头叹气的却是崇祯皇帝的眼光。再强的整顿手腕，眼光跑偏，一切都是空谈！

崇祯临终的时候一直哀叹"诸臣误我"，仿佛满朝就没有好人，可这满朝误他的臣子，有几个不是他自己提拔的？比如被他引为股肱大臣的内阁大学士陈演和魏藻德，都是他破格提拔任用，最后他蹬腿上吊，二人就慌不迭地跑去找李自成投降，尤其无耻的魏藻德，当着李自成的面大骂崇祯，气得李自成都听不下去，叫刘宗敏结结实实给他几个耳光。

崇祯更不知道的是，一直以来，他总认为在"误"他的臣子，比如绞杀农民军有功的卢象昇，被他瞎指挥抽空了兵马，壮烈战死在巨鹿，等于是他自己亲手帮助李自成灭掉了战场上最强劲的对手。还有活捉了高迎祥的孙传庭，刚立了功，就被崇祯气得耳朵都聋了，还被以莫须有的罪名下牢狱，好不容易重新出来带兵，又被崇祯瞎指挥，硬逼着提前出战，落得全军覆没。

如果说朱元璋杀功臣还被吐槽为卸磨杀驴，那么崇祯就开启了一种最傻的模式——磨还没拉完，把驴杀了！

这种傻事办过后，没人拉磨的大明朝，当然也就彻底覆灭，江山白白送人。

后记

这本关于明朝的书,终于写完了。

从2009年出版第一本历史图书《被遗忘的盛世》开始,算起来这已经是个人从事历史图书创作的第十一个年头。在之前的十年里,我写过很多明朝话题类的作品,包括通史与专门的人物事件。以至于当朋友们得知本书仍然是"明朝话题"时,不禁都在发问:"怎么还没有写够?"然而我的回答每次也都一样:"对,没写够。"

因为在我看来,明王朝依然有太多有趣而又值得琢磨的历史,有太多需要被深挖的人与事,仍旧没有被好好写出来。三个世纪中,哪怕许多历史典故现代爱好者们已经耳熟能详,背后依然深藏着不为人知的另一面,值得我们以史为鉴深入思考。

作为一个20世纪末走入大学校园的"80后",恰逢"明史"火遍大江南北,"聊明朝侃明朝"是当时历史爱好者们的"时尚"。

今天依然清楚地记得,那些火爆一时的社区论坛、电子公告板里,只要是历史话题,最火热的"帖子"必然和明朝有关。诸如"朱元璋""朱棣""张居正""于谦""海瑞"等人物,以及"张居正改革""土木堡事变""郑和下西洋""宁锦大捷"等大事件，总是会被各个帖子反复热议，引来各种讨论与争吵。这些年火爆一时的影视剧中，"明史热"也成为其中的重要素材，助推了许多惊心动魄的情节。

单看这一切，很多读者也许会觉得，我们对于明朝历史已经足够了解。二十年前，纵使是对历史爱好者来说分外陌生的典故，今天任何人只要稍微上网查几篇相关文章，都可以说得头头是道。5G时代，我们获取知识的渠道更加快捷，搜索几个关键词就好，何必费力去翻书本？那么现在再去写这样一本关于明朝的书，是不是在炒冷饭？事实上，绝对不是。

在移动互联时代，人们对于历史表象之下的深度思考反而更欠缺，一些蜻蜓点水或以偏概全的历史观念，有时更容易产生误导作用。明朝的历史，正是如此。

20世纪末明朝的历史形象，与今天的"明史热"相比，可谓非常不堪。许多历史爱好者常把明朝与"黑暗""专制""恐怖"联系在一起。由于一些野史小说的误导，以及20世纪初叶许多民国学者的片面概括，在很多现代人的认知里，明王朝的风貌无疑非常扭曲。正是借着移动互联时代，一次次"明史热"的春风使其被重新认识，许多被挖掘出的亮点在年轻一代历史爱好者中不停地"圈粉"。可以说，今天明王朝历史的大众形象，与互联网时代之前相比，已经有了很大不同。

但是，作为一名热爱明朝历史的写作者，我却认为这还远远不够。

首先一个问题是，移动互联时代，我们获取知识变得更容易，但却让知识传播有了"同质化"风险——同一段历史内容，在不同平台反复出现，以至一些有偏差的历史知识"深入人心"，而一些网络文学流行，让许多与历史真相有出入的观念找到了"滋生土壤"。

另一方面，快捷的信息传播带来"碎片化"阅读模式。在节奏空前加快的网络时代，耐心读书的时间越来越少，许多知识量的汲取方式都是"碎片化"模式。这就导致我们看待历史问题时常常因为一些以偏概全的观点而出现各种错误。对于明朝历史的看待与反思，难免出现这样的情况。

最简单的例子是，20世纪末，历史爱好者对于明朝的认识来源，除了书本里的记载，基本来自武侠小说或影视剧。所以谈起明朝，当时大家的第一反应往往和"太监""腐败""东厂"联系在一起。近二十年以后，随着一批"白话写史"读物的畅销，"大明火器""内阁""商品经济"等热词广泛流行，对于明朝的评价，也从当年一个极度"差评"转为各种"好评"。但在这些"好评"中，很多片面化评价仍然有非常强大的影响力。

比如"明朝皇帝不上朝""宦官专权""党争"等历史问题，在今天很多历史爱好者眼中，竟呈现出颇多"亮点"，又如明朝的"火器"，在很多片面化历史文章中变成了无敌的存在。一些被明代学者认定"落后"的火器装备，竟成了"领先世界××年"的"大杀器"。相关内容，常常令人啼笑皆非。

这种片面化认知，虽然只是个别情况，但却是在提醒历史传播者任重而道远。

也许大家阅读历史的原因各异，但目的是要有所收获，"以史为鉴"适用于我们生活的点点滴滴，我们应从历史兴衰与人物命运里找到最值得我们思考的东西。我们每一次重新看待历史，细读历史，都可以得到新的收获。相信这才是读历史最重要的意义。

本着这样的追求，就有了我们"写不够"的明朝。写一本此类题材的作品并非难事，但如何从表面历史入手深挖下去，以客观中立的态度得出值得分享的内容，才是真正需要花精力去研究的事情，也是我希望在本书里实现的突破。通过努力，希望可以使每一位喜欢明朝的朋友满意，略有收获。若如此，则无憾。